A. Sojnikow

Betrachtungen über „Die Rose der Welt“ von D. Andrejew,

den Münchener Einsiedler Timofej mit seiner Ost-West Friedenskirche

und eine Reise nach Indien zu dem rätselhaften Sathya Sai Baba

Frankeneck

2002

Das Buch wurde unter Berücksichtigung der neuen amtlichen Rechtsschreibregeln lrktoriert

Übersetzung: Elena Judina
Lektorat: Oliver Gondring
Umschlag: Natalia Bauer
Satz: Olga Markova
Druck: „Standartu spaustuve“ Vilnius
ISBN 3-9806724-8-4

Inhaltsverzeichnis

Teil III

Gedanken an die Zukunft

Teil IV

Reise nach Indien zu Sathya Sai Baba

Anregungen zum Nachdenken

Anregungen zum Nachdenken

Der Anfang

Ob ich recht habe? Wer bin ich eigentlich? Und warum ausgerechnet ich? Diese Fragen lassen mir keine Ruhe. Ich glaube, die Antwort schon erhalten zu haben, nicht von Menschen, sondern durch jene Kraft, die sich nie irrt oder fehlgeht. Dennoch... Aber ich will alles der Reihe nach erzählen.

Man schreibt das Jahr 1991. Eines Tages gehe ich, ein Petersburger Komponist, über den Lenin-Platz, der in der Nähe meines Hauses liegt, vorbei an zahlreichen Bücherständen, die seit einiger Zeit die Straßen der Stadt pflastern, und meine Augen schweifen flüchtig über die Buchumschläge. Diese plötzliche Fülle ist nach den gewohnten halbleeren Buchhandlungen wie ein Wunder, und stets drängen sich viele Leute um die Bücherstände, denn Bücher waren in Petersburg, wie übrigens in Russland überhaupt, schon immer beliebt. "Rose der Welt" glänzt in goldenen Buchstaben auf einem der Umschläge. Einen Augenblick fühle ich mich seltsam bewegt, aber gleich darauf denke ich: „Ach was, wahrscheinlich ein kitschiger Frauenroman. Kaum interessant." Das ist meine erste Begegnung mit dem Buch. Bald darauf folgt die zweite, diesmal zu Hause. Im Radio wird gerade über ein Buch berichtet. Ich beginne aufmerksam zuzuhören. Es geht um den berühmten russischen Dichter Alexander Blok, der 1921 gestorben ist. Was ich dann höre, klingt unglaublich: "Ich habe ihn im Sommer und Herbst 1949 gesehen. Es ist nicht nur mein Recht, sondern auch meine Pflicht, etwas davon zu erzählen. Mit Stolz behaupte ich: Blok war und bleibt mein Freund, obwohl wir uns zu seinen Lebzeiten nie getroffen haben. Als er starb, war ich noch ein Kind", höre ich die Stim-

Anregungen zum Nachdenken

me des Sprechers und glaube langsam den Verstand zu verlieren. Ungläubig verfolge ich den weiteren Verlauf der Sendung und erfahre zuletzt, dass ein Schriftsteller noch in den fünfziger Jahren dem längst verstorbenen Alexander Blok, dem Autor der Gedichte "Die Unbekannte"* und "Die Zwölf"**, persönlich begegnet sei, dass sie zusammen die Welten des Jenseits besucht hätten, wobei Blok ihm diejenige dieser Welten gezeigt habe, in der er sich nach seinem Tode am längsten aufgehalten habe. Zum Schluss kündigt der Sprecher mit alltäglicher Stimme an, dass nun ein Auszug aus dem kürzlich erschienenen Buch „Rose der Welt“ von Daniel Andrejew vorgetragen werde...

Das ist nur der Anfang. Doch kurz darauf hinterließ das Buch selbst einen tiefen Eindruck bei mir, eine regelrechte Erschütterung und Begeisterung, und weckte bei mir Liebe, die Liebe zum Leben!

Anregungen zum Nachdenken

"Die Rose der Welt", sinfonische Dichtung oder dichterische Sinfonie

Ich bin Komponist, und meine Wahrnehmung der Welt ist die eines Komponisten. Unbewusst beurteile ich die Umwelt als Komponist und bemühe mich, in allen Dingen eine musikalische Form zu finden: eine Tonreihe, eine Klangfarbe, einen Rhythmus oder eine Melodie zu hören. Das Werk von Andrejew klingt für mich wie eine großartige, herrliche Sinfonie, vielschichtig und reich an Rhythmen, fantastischen Farben und ausdrucksstarken, göttlichen Melodien. Seine 12 Bücher verkünden uns wie die 12 Apostel, welche einst die ersten Samenkörner der Lehre Christi säten, die einfachen und großen Gotteswahrheiten. Sie haben folgende Titel:

Buch I	Die Rose der Welt und ihre Rolle in der Geschichte
Buch II	Metahistorische und transphysische Erkenntnismethoden
Buch III	Struktur des Shadanakar*: Die Welten der aufsteigenden Reihe
Buch IV	Struktur des Shadanakar: Infraphysik
Buch V	Struktur des Shadanakar: Stichialen
Buch VI	Die höchsten Welten des Shadanakars
Buch VI	Die höchsten Welten des Shadanakars
Buch VII	Metageschichte** Rußlands
Buch VIII	Metageschichte des Moskauer Reiches
Buch IX	Metageschichte des Petersburger Imperiums
Buch X	Metageschichte der russischen Kultur
Buch XI	Metageschichte des nächsten Jahrhunderts
Buch XII	Möglichkeiten

Anregungen zum Nachdenken

Wie ist diese philosophisch-poetische Sinfonie der Form nach gestaltet? Vor allem fällt ihre Zweiteiligkeit auf. Die ersten sechs Bücher umfassen die Metageschichte und Metageografie unseres Planeten. Die übrigen sechs Bücher sind hauptsächlich Russland gewidmet. Doch in der metahistorischen Analyse Russlands und seiner Kultur treten ganz deutlich allgemeine Gesetzmäßigkeiten auf, die auch für andere Völker und Länder gelten.

Die Bücher I und XII wirken als Einleitung und Finale beziehungsweise Coda.

Nun ein paar Worte zum Aufbau der Teile. Das Buch II ist musikalisch betrachtet eine Art Exposition. Darin werden viele Begriffe eingeführt und die Hauptthesen angedeutet, welche die Grundlagen der Religion und Philosophie Andrejews bilden. Das Buch III ist gleichsam der Einsatz einer hellen, bezaubernden, sich aufwärts schraubenden Melodie (wie im ersten Satz der "Unvollendeten Sinfonie" von Schubert), unterbrochen durch grauenvolle Akkorde der teuflischen Welt (Buch IV).

Das Buch V ist ein allmählicher Übergang von der Finsternis zur Helligkeit und am Ende zum Licht, diesmal ein ewiges Licht. Man gelangt in die höchsten Himmelsschichten von unvorstellbarer Reinheit, das Reich Gottes. Die Anfangsmelodie wird eindringlich und mächtig. Millionen Stimmen singen mit, und der jubelnde Lichtchor vollendet mit mächtiger Feierlichkeit das Bild der höchsten Welten (Buch VI).

Der zweite Teil (Bücher VII-XII) ist durch heftige Rhythmen geprägt. Hier werden Bilder großer Erschütterungen heraufbeschworen, die in der Geschichte fortwährend und unerbittlich Russland heimsuchten: Angriffe von Petschenegen, Polowzer, dann das tatarische Joch, das über 200 Jahre dauerte. Nach einer kurzen Pause, in der das Moskauer Reich einen Aufschwung erlebte, folgt wieder eine unruhige Phase: polnische Invasion, Kampf um die Macht, Kriege, Blutvergießen und Leiden. Der Rhythmus wird immer heftiger, und nun erreichen wir das 20. Jahrhundert. Die größte aller Diktaturen beherrscht das Land. Das Donnern und Stöhnen bilden ein unvorstellbares Durcheinander, eine unerträgliche Kakophonie.

Und siehe, irgendwo in der Ferne hört man eine klare und sanfte Stimme singen, als sänge die Seele des Volkes selbst, ein naives und schüchternes Kind. Vor unserem inneren Auge erscheinen die ersten russisch-orthodoxen Heiligen, der apostelgleiche Fürst Wladimir der Große, Großfürst Jaroslaw, Chronist Nestor, Peter I. mit seinen grandiosen Vorhaben, Zar und der heilige Mönch Alexander I. Auch große Persönlichkeiten der russischen Kultur sehen wir: Puschkin, Lermontow, Dostojewskij, Tolstoi, große Maler, Musiker und Philosophen. Das Lied wird immer mächtiger und erfüllt sich mit Freude und Liebe. Die ganze Erde scheint still zu sein, als lausche sie diesem schönen Gesang.

Immer neue Stimmen schließen sich dem wachsenden Chor an: das ganze Erdreich, alle Völker wenden sich in einer einmütigen, jubelnden Bewegung dem göttlichen Licht zu, durchdrungen von seinen Strahlen...

Das ist allerdings eine sehr persönliche, subjektive Auffassung, die auch lediglich meine heutige Sichtweise wiedergibt. Damals, im Jahre 1996, als ich an meinem Mysterium für Chor und Orchester arbeitete, sah ich in meiner Fantasie ganz andere musikalische Gestalten. Nun aber möchte ich ausführlicher von dem Buch erzählen.

Anregungen zum Nachdenken

Die Liebe lebt fort

Manchmal staune ich über mich. Es sind Jahre vergangen, doch die Begeisterung, die ich für das Buch, seinen Autor und dessen Ideen empfand, besteht noch immer. Na ja, damals, im Jahre 1991 war dieses Buch eine Offenbarung für mich, denn ich war ja noch völlig ahnungslos. Die fantastische Welt von Andrejews Ideen erschütterte mein schlummerndes Ich mit der Gewalt eines unerwarteten Unwetters auf hoher See, so dass der Kurs meines Lebens, der mir noch vor kurzem so sicher und beständig erschienen war, sich plötzlich und für immer änderte. Heute, nach vielen Jahren, ist es anders. Ich habe inzwischen viele geistliche und philosophische Werke gelesen und vieles erkannt. Hätte ich sie doch nur schon in meinen Jugendjahren, oder noch früher kennengelernt!

Viele Dinge, die für mich damals neu waren, finde ich heute in der Bibel, im Koran, in den Veden, in der Awesta und in der Tora sowie in den Werken von Lew Tolstoi, Blawatskaja, Familie Röhrich, Rudolf Steiner und Sathya Sai Baba wieder. Einen sehr starken Eindruck machte auf mich auch die "Autobiographie eines Yogi" von Paramahansa Yogananda.

Warum ausgerechnet Andrejew? Warum ist er mir so nah, vertraut und somit auch wahrhaftig? "Halt, Vorsicht!" , sage ich mir. "Denk an das Kapitel des Buches, in dem der Autor der 'Rose der Welt' von der Wahrhaftigkeit spricht und am Ende beweist, dass sie unwahr ist." Die Leser mögen mich entschuldigen. Es ist kein Wortspiel. Gehen wir darauf näher ein.

Anregungen zum Nachdenken

Die Relativitätstheorie und die 5. Sinfonie von Beethoven.

Beethoven sagte über den Anfang seiner fünften Sinfonie: „So pocht das Schicksal an die Pforte." Geht es hier vielleicht um die Wahrheit, die große Gotteswahrheit, die sich um menschliche Herzen bemüht?

(Aus einem imaginären Gespräch des Autors mit Beethoven)

Stellen wir uns jemanden vor, der sich die 5. Sinfonie anhört. Die Klänge dieser genialen Musik lassen in seinem Gehirn Vorstellungen entstehen, die für ihn wahr sind. Ein anderer Mensch wird durch diese Sinfonie andere Vorstellungen gewinnen, entsprechend seiner Persönlichkeit, seinen Lebenserfahrungen, seinem Kulturniveau usw. Aber für ihn sind diese Vorstellungen genauso wahr. In beiden Fällen ist die Wahrheit eines einzelnen relativ, denn sie ist vom Subjekt der Erkenntnis abhängig. Es gibt so viele Wahrheiten wie es Subjekte der Erkenntnis gibt.. Es gibt aber auch die absolute Wahrheit. Man spricht davon, wenn das Subjekt und das Objekt zusammenfallen, d. h. identisch sind. Dann erst wird das Objekt der Erkenntnis vom innewohnenden Subjekt wirklich erkannt. Nehmen wir z. B. Beethoven und seine 5. Sinfonie: Sie ist für ihn eine absolute Wahrheit.

Was den Kosmos angeht, so kann offensichtlich die absolute Wahrheit des Weltalls nur von einem Subjekt erkannt werden, das von gleicher Größe ist, welches folglich das Weltall nicht nur als Objekt, sondern als ein Objekt in sich selbst erkennen kann, d. h. sich mit diesem identifizieren, sein Schöpfer sein. Um ein ähnliches Subjekt handelt es sich in unserem Beispiel bei Beethoven. Selbstverständlich kann dieses Subjekt im Falle des Kosmos niemand anderes als Gott sein.

Anregungen zum Nachdenken

Also ist nur Gott imstande, das Weltall als eine absolute Wahrheit zu erkennen. Anders ausgedrückt heißt das: Gott als Objekt der Erkenntnis kann nur von sich selbst erkannt werden.

Folglich ist jede menschliche Erkenntnis über das Weltall oder eines Teils davon keine absolute (göttliche), sondern eine relative Wahrheit und daher in Frage zu stellen. Es bedeutet auch, dass kein Mensch der Erde, wie genial er auch sei, sich anmaßen kann, eine absolute Wahrheit zu besitzen. Das gilt auch für das größte denkbare Kollektiv von Menschen.

Hier möchte ich meine Ausführungen unterbrechen und das eben Gesagte auf Andrejews Wahrheiten anwenden. Demzufolge nämlich kann das Werk Daniel Andrejews, also seine Lehre, keineswegs absolut wahr sein, denn er behandelt große kosmische Begriffe, Gottes Begriffe, die nur Gott selbst erkennen kann. Als relative Wahrheiten sind seine Ausführungen unsicher und fehlerhaft. Andrejew selbst ist aufgrund der Subjektivität des Bewusstseins nicht immer von der Zuverlässigkeit der von ihm gewonnenen Erkenntnisse überzeugt. Das Buch enthält deshalb eine Warnung des Autors für potentielle Nacheiferer, in der er klarstellt, dass alle Versuche, "Rose der Welt" in der Zukunft zur absoluten Wahrheit zu erheben, unbegründet und absurd wären. Also kann das Buch von Andrejew unmöglich absolut wahr sein. Warum ist es trotzdem für mich und viele andere sozusagen die letzte Instanz, woher kommen dieses Gefühl intuitiver Zustimmung und dieses grenzenlose Vertrauen? Aber folgen wir weiter Andrejew: "Eine Behauptung ohne ein einziges Korn Wahrheit könnte niemals zu einer Lehre werden... Sie bliebe alleiniger Besitz dessen, der sie hervorgebracht hat." Darauf kommt es also an.

Anregungen zum Nachdenken

Etwas sehr Wichtiges, Vertrautes und Allgemeingültiges muss in der Lehre Andrejews enthalten sein, wahrscheinlich vor allem das, was „Rose der Welt" mit anderen großen religiösen Lehren gemeinsam hat, und zwar jene von Gott stammenden Körner der absoluten Wahrheit, die, wenn auch nur als ein Teil der großen, unendlichen Gotteswahrheit, die Menschen erreichen und als Vorstellungen in ihrem Bewusstsein eingeprägt werden. Die Grundvorstellungen von dieser großen Gotteswahrheit sind in allen Religionen ähnlich. Das beweist, dass sie, obwohl relativ, doch auch absolut wahr sind. Zu diesen Grundvorstellungen gehören nach Andrejew die Thesen von dem dreieinigen Gott, von der Vielzahl der geistlichen Hierarchien, von der Vielzahl der Welten, von der unendlichen Vielzahl bestehender Monaden*, sowie die These der Existenz einer allgemeingültigen Moral, nach der der Mensch sowohl auf Erden als auch im Jenseits für seine Taten belohnt beziehungsweise bestraft wird. Selbstverständlich werden dabei nur die Religionen "der rechten Hand" berücksichtigt, d. h. positiv orientierte Religionen. Die Lehren "der linken Hand", die "an ihrer demoralisierenden Wirkung leicht zu erkennen sind", wie Andrejew behauptet, sollten verworfen werden.

Zum Schluss des Kapitels wende ich mich wieder dem großen Beethoven und seiner 5. Sinfonie zu. In dieser leidenschaftlichen, heiteren und gleichzeitig tragischen Musik höre ich das Stöhnen, Weinen, Lachen und die Freudenrufe von Millionen, die ihren Weg zum Tempel suchen. In den Sinn kommen mir die Worte Christi: „Bittet, dann wird euch gegeben; sucht, dann werdet ihr finden; klopft an, dann wird euch geöffnet." (Mt 7-7)

Anregungen zum Nachdenken

D. Andrejew - Leonardo da Vinci unserer Zeit

Das Buch Andrejews hat viele Gemeinsamkeiten mit den großen Weltreligionen. Soweit gut. Aber was nützt das? Wozu brauchen wir noch eine Lehre, welche die größten religiösen und philosophischen Wahrheiten wiederholt, könnte mich ein Leser fragen.

Dieser Leser irrt sich. Denn Andrejews Buch enthält außer den grundlegenden religiösen Doktrinen eine unerschöpfliche Menge von Erkenntnissen und Gedanken, welche der Menschheit noch unbekannt sind. Es gibt dem Leser überwältigende Informationen. Ich bemühe mich, nur die wesentlichen Dinge aufzuzählen: Entdeckung neuer Wissenschaften, Metageschichte und Metageografie, und Entdeckungen auf diesen Gebieten; eine neue Auffassung der grundlegenden Fragen von Religion, Philosophie, Politik und Kultur sowie Ausarbeitung der konkreten Wege zur gegenseitigen Annäherung und letztlich zur Vereinigung dieser bedeutendsten Bereiche des menschlichen Daseins, eine Hinführung der Menschheit zu allgemeiner Brüderschaft. Dazu kommt, dass Andrejew in seinem Werk als ein genialer Schriftsteller und Dichter auftritt, dass seine Kenntnisse durch ihre Tiefe und ihren grenzenlosen Umfang überraschen, dass... Aber ich glaube, das genügt, um einen ungläubigen Leser zu überzeugen: Ab und zu kommen Menschen in diese Welt, die mit dem großen Da Vinci vergleichbar sind, wie Sternschnuppen fallen sie vom Himmel herab.

Anregungen zum Nachdenken

Der Zauberschlüssel oder „Sesam, öffne dich!“

Als ich anfing, dieses Buch zu schreiben, wurde ich oft von meinen Angehörigen gefragt: “Wozu? Es gibt doch Andrejews ‘Rose der Welt’. Besser wird sowieso keiner etwas erklären.”

Dem stimme ich zu, aber ich will gar nicht das Buch nacherzählen. Mein Anliegen ist, Interesse für das Buch zu wecken und die Leser darauf aufmerksam zu machen. Ich kenne viele Leute, die das Buch zwar angefangen, aber bald wieder weggelegt haben. „Es ist zu kompliziert, ich bin dem nicht gewachsen“, sagten sie. Aus diesem Grund möchte ich hier auf einige wichtige Fragen eingehen, deren Verständnis sozusagen der magische Schlüssel zur Aneignung der Lehre „Rose der Welt” ist.

Anregungen zum Nachdenken

Wo sind die Beweise?

Frage des ungläubigen Thomas an Andrejew (mit Ironie und Sarkasmus):
Herr Andrejew, Sie behaupten, dass einer der Grundsätze des kosmischen Aufbaus das Mehrschichtenprinzip sei, und dass die Erde außer von unserer Schicht noch von 241 anderen Ebenen umgeben sei. Warum soll ich Ihnen glauben? Sie sagen, jede Schicht unterscheide sich von den übrigen durch eine gewisse Anzahl von Raumkoordinaten (bis 6) und Zeitkoordinaten (bis 236). 236 Zeitkoordinaten, woher wissen Sie das?
(sehr erregt)
Sie schreiben, alle diese Schichten seien miteinander eng verbunden und bildeten ein System, das Bramfatur heiße. Derartige Bramfaturen hätten auch andere Planeten, Gestirne, Galaxien, das ganze Weltall. Sie fügen hinzu, die Größe solcher Makrobramfaturen sei unvorstellbar. Gewiss, es ist unmöglich, sich alles vorzustellen, wovon Sie schreiben, und noch weniger möglich, das zu beweisen.
(zornig)
Sie erwähnen auch Moleküle und Atome und nennen sie Mikrobramfaturen. "Man soll nicht außer acht lassen", fahren Sie fort, "dass die Elementarteilchen Lebewesen sind und freien Willen sowie Verstand haben".

Anregungen zum Nachdenken

(Thomas schreit)
Ich glaube Ihnen nicht! Ich glaube das nicht. Wo sind die Beweise?
(*Andrejew leise*)
Verlangen wir denn für alle Erscheinungen des geistigen Lebens und der Kultur Beweise? Und wenn nicht für alle, warum für diese? Wir verlangen von einem Maler oder von einem Komponisten keine Beweise der Wahrhaftigkeit ihrer musikalischen Vorstellungen oder malerischen Visionen.

An die Behauptungen und Erfahrungen des anderen glaubt nur jemand, dessen innere Welt damit, zumindest teilweise, im Einklang steht. Beweise verlangt derjenige, dem diese geistige Welt fremd ist, und wenn er sie erhalten hat, wird er sie möglicherweise nicht akzeptieren.

Anregungen zum Nachdenken

Monolog Luzifers

Ich habe viele Namen: Satan, Teufel, Beelzebub, Mephisto. Am besten gefällt mir der Name Luzifer. Luzifer heißt Lichtbringer, Lichtgeber. Das klingt sehr poetisch!
Ich weiß nicht mehr, wer mich als erster so genannt hat. Ich denke, Gregor der Große. Er hat mir damit sehr geschmeichelt. Die anderen vergleichen mich gewöhnlich mit der Finsternis. Wie man's nimmt... (*lächelt*)
Was die Namen angeht, so hatten manch andere aus meinem „Lager" nicht weniger Namen.
Zum Beispiel mein Liebling: Iwanow, Wassiljew, Koba und Dshugaschwili. Nicht allen sind vielleicht diese Namen bekannt, aber alle kennen ihn als Stalin. Jeder erinnert sich an ihn. Ich lache jetzt öfter: es geht mir gut, denn auf der Erde nehmen das Böse und der Hass zu, und das Gute und die Liebe nehmen somit ab. So könnte es bald wieder zu einem Krieg kommen. (*dämonisches Lächeln*) Was mich besonders optimistisch stimmt, ist mein Eindringen in das Allerheiligste aller Religionen. Es wird heftig gegeneinander gekämpft. Es herrscht Feindseligkeit. Ich bin es, der sie geschaffen hat!
Auch die philosophischen Auseinandersetzungen sind mir recht. So meinen manche Philosophen, dass es mich nicht gebe. Es gebe nur einen Schatten, abgefallen von Gott. Na ja, da kann man nichts machen. *(heimtückisches Lächeln)* Aber manchmal befallen mich Erinnerungen und ich denke an andere Zeiten. Es ist unmöglich, euch Men-

schen mit euren primitiven Begriffen und eurer beschränkten Sprache zu erklären, wie unvorstellbar weit diese Zeit zurückliegt, an die ich denke, wenn ich mich dort sehe. Groß war ich, riesig war mein Geist, nicht nur auf der Erde oder in einer Galaxis, sondern im ganzen Weltall. Und ich beschloss den Schöpfer zu verleugnen und mein eigenes Weltall zu schaffen. Warum nicht? Viele folgten mir, und damit begann alles.

Aber die von mir geschaffenen Welten gingen unter, sobald sie entstanden. Was war der Grund? Meine Feinde behaupten: fehlende Liebe, die einzig verbindende kosmische Kraft. Aber erstens ist die Liebe ein Privileg Gottes, sein Vorrecht, zum anderen habe ich auch ein eigenes verbindendes Prinzip: mein eigenes Ich. In diesen Welten gibt es nur mich, alles soll so wie ich werden. Das ist die Grundlage meines Daseins.

Wie bitte? Sie meinen, dieses Prinzip genüge nicht? Na gut, ich habe noch weitere. Zum Beispiel den Hass. Nicht übel, nicht wahr? Und wie wäre es mit der Gewalt? Wir werden ja sehen, wer am Ende die Oberhand behalten wird.

(lächelt triumphierend und selbstsicher)

Was mein Traum ist? Denken wir zunächst an das, was ich schon erreicht habe. Eine Menge. Seit einiger Zeit bemühe ich mich hauptsächlich um ein neues Weltall. Ich fürchte aber, dass ich dem nicht gewachsen bin. Immerhin ist schon Vieles in meinem Besitz: eine Reihe von Galaxien, Millionen von Gestirnen, es gelang mir jedoch nicht, die ganze Makrobramfatur des Weltalls zu erobern. Es gibt manche Verluste unter den Galaxien. So wurde der Andromeda-Nebel wieder von meinem Einfluss befreit. Die Galaxis, zu der die Erde gehört, befindet sich in meiner Gewalt. Zum Glück.

Anregungen zum Nachdenken

Es ist schon lange her, dass ich meinen treuen Helfer, den großen Dämon Gagtungr auf die Erde schickte. Er hatte Erfolg. Er mischte sich in die Vorgänge der Entstehung und Entwicklung des Lebens ein, so daß die von den göttlichen Kräften eingeführten Planetengesetze sich änderten und in ihr Gegenteil verkehrt wurden: an die Stelle des Gesetzes der Transformation trat das des Todes, an die Stelle der allgemeinen Freundschaft gegenseitiger Vernichtungswahn. Ein besonders wichtiges Gesetz, das Gagtungr im Shadanakar durchsetzen konnte, ist das Gesetz der Vergeltung, das Karmagesetz. Es macht mir viel Freude, zu hören: Gott bestraft, Gott vergibt nicht. Offen gestanden, hat Gott damit nichts zu tun, vielmehr: Gott ist nichts als Licht, in ihm ist keine Finsternis. Das Gesetz des Karma oder der Vergeltung habe ich erfunden. Denn jedes Leiden, jeder Neid, jede Habgier, jeder Zorn und jede Wollust verursachen Ströme, die die Dämonenwelt nähren und ihre Lebenskräfte stärken.

Je mehr Leiden, desto mehr wachsen unsere dunklen Kräfte. Es ist ganz einfach, wie das Einmaleins! Es ist nur schade, dass die Kräfte des Lichtes uns immer wieder widerstehen. Sonst wären die Wirkungen des Karmagesetzes noch stärker.

Zurück zu meinem Traum. Mein nächstes Ziel ist die Weltherrschaft eines Einzigen und die Verwandlung aller Anderen in seine Untertanen, selbstverständlich werden sie über keinerlei Freiheit verfügen. Das ist das Wesentliche.

Die lichten Kräfte haben gegensätzliche Absichten: Rettung Aller und Vereinigung in Liebe.

Mein Traum von der Zukunft ist auch eine Art von Vereinigung, aber eine Vereinigung um mich. Ich sehe mich schon als Sonne, um die sich Monaden in konzentrischen Kreisen bewegen, um dann in mich

Anregungen zum Nachdenken

zu stürzen und von mir verschlungen zu werden. Das ganze Weltall wird sich um mich drehen und seine Welten in mich versenken. Kann man sich eine größere Freude und Begeisterung vorstellen? (Er lacht, das Lachen des Satans wird immer lauter und mischt sich mit einem stürmischen Windstoß. Die Erde zittert und stöhnt unter seinem Druck. Riesige Wasserwogen rollen von allen Seiten heran. Im Himmel herrscht Finsternis. Schreckliche Angst erfasst die Menschen. Angst und Grauen!)

Anregungen zum Nachdenken

Warum lässt Gott das Böse zu?

Die Frage, warum Gott das Böse zulässt, beschäftigt alle Gläubigen. Da Gott alles geschaffen hat, muss er auch das Böse geschaffen haben, das ist ja logisch. Wenn er allmächtig ist, warum vernichtet er das Böse nicht? Auf diese schwierige Frage antwortet Andrejew mit tadelloser Logik und Deutlichkeit: "Der Herr erschafft aus sich selbst. Allen aus seiner Tiefe entströmenden Monaden sind die Eigenschaften dieser Tiefe eigen, darunter auch die absolute Freiheit. Auf diese Weise beschränkt der göttliche Schöpfungsprozess den Schöpfer selbst, er setzt seiner Macht eine Grenze, hinter der die Freiheit und die Selbstbestimmung seiner Werke beginnen". Anders gesagt, kann Gott als Mittelpunkt der Freiheit, als ihr Prinzip und ihre Ursache nicht die Freiheit, d.h. das Recht seiner Geschöpfe auf die freie Wahl, begrenzen. Das gibt diesen wiederum das Recht, das Negative zu wählen und von Gott abzufallen. Daraus entstehen das Leiden und das Böse. Aber die Freiheit der Wahl ermöglicht es auch, zu Gott zurückzukehren. Darin besteht der Sinn des riesigen kosmischen Vorganges, in den der Mensch einbezogen ist. Und je früher der Mensch zu Gott kommt, liebend und mitwirkend, nur dem Ruf seines Herzens folgend, desto eher wird das Zeitalter des Bösen enden und das Gute triumphieren!

Zum Schluss möchte ich eine Episode aus dem Leben des großen russischen Heiligen Seraphim von Sarow nacherzählen. Ich glaube, seine Geschichte bestätigt das Gesagte. Durch seine großen Taten nach Gottes Willen genießt er großes Ansehen und Liebe in ganz

Anregungen zum Nachdenken

Russland. Aber je heiliger ein Mensch ist, desto verhasster ist er dem Teufel. Der Teufel versucht ihn mit allen Mitteln zu vernichten oder vom rechten Weg abzubringen. Auch Seraphim erfuhr das an sich. Ein paar Räuber mit Beilen kamen einmal zu seiner Einsiedlerhütte, um ihn zu töten. Seraphim war kein Feigling, auch er war sehr stark. Aber er dachte: Ich habe mein Leben lang das Gute und die Liebe gepredigt. Wie kann ich Böses tun? Und gleichzeitig die Menschen zum Guten ermahnen? Nach dieser Überlegung wurde ihm leicht zumute und er sagte: "Tut, was ihr tun müsst." Die Räuber schlugen ihn einige Mal mit dem Beil und meinten, er sei tot. Seraphim blieb aber am Leben. Bald betete er wieder und heilte die Kranken. Die Räuber bereuten ihre Tat, kamen zu Seraphim zurück und weinten. Seraphim verzieh ihnen und segnete sie.

Anregungen zum Nachdenken

Kolumbus, Magellan und Metageografie

Im 15. Jahrhundert entdeckte Christoph Kolumbus Amerika. Dabei glaubte er Indien gefunden zu haben. Einige Jahre später unternahm Magellan die erste Weltumseglung. Damit begann auf der Erde das Zeitalter der großen geografischen Entdeckungen. Das bedingte eine neue Auffassung der Welt, des Weltalls und des Menschen.

1991 erschien in Russland die erste Auflage der „Rose der Welt" von D. Andrejew. In diesem Buch beschreibt er Dutzende, nein, Hunderte von neuen, bisher nicht bekannten Welten. Die Menschheit beginnt damit wie vor 500 Jahren, allerdings zur Zeit noch ahnungslos, ein neues Zeitalter großer Entdeckungen, diesmal aber auf dem Gebiet der Metageografie. Wie Kolumbus und Magellan für ihre Fahrten sichere Schiffe mit festen Masten und riesengroßen Segeln brauchten, so wird man für die Reisen in die Welten, von denen Andrejew schreibt, etwas ganz anderes benötigen: statt Masten und Segel geistiges Sehvermögen, Gehör und Gedächtnis, statt Galeonen und Karavellen die Fähigkeit, sich als immaterielle Substanz von seinem Körper zu trennen. Dann wird Andrejew zufolge das Zeitalter der kosmischen Magellane und Kolumbusse kommen.

Anregungen zum Nachdenken

- -

Dreieinigkeit der Welten und Wagners „Parsifal"

„Das Himmelreich der nordwestlichen Kultur erscheint vor uns als Monsalvat*", die ewig leuchtende Bergspitze, wo die gerechten Ritter im heiligen Gral das Blut des Mensch gewordenen Logos aufbewahren", lese ich bei Andrejew, und vor meinem inneren Auge erscheinen herrliche Bilder aus Wagners "Parsifal", seinem letzten Meisterwerk. Ich höre die Streicher geheimnisvoll langsam spielen, als erzählten sie von dem Ewigen, höre sie uns in eine Zauberwelt des altdeutschen Epos einführen. Für mich war das immer eine Märchenwelt, ein Produkt der Fantasie, wie übrigens auch die Epen anderer Völker. Und dann lese ich etwas weiter im Buch Andrejews: "Der Begründer von Monsalvat ist der große Titurel, der lange vor der Menschwerdung des Erlösers in Palästina mit Jesus Christus verbunden war. Ebenso wie Lohengrin und Parsifal ist er keine Sagengestalt, sondern ein realer Mensch Enrofs**."

Also sind die Legenden von Parsifal und Lohengrin doch keine Erfindung?

Nach und nach wird mir klar, wie grandios und kompliziert die Welt ist, in der ich lebe, dass es außer unseres Enrofs oben und unten in anderen Dimensionen noch eine Reihe von Ebenen mit eigenem Leben und eigener Geschichte gibt. Sie sind eng mit uns verbunden und üben einen gewissen Einfluss auf uns aus. Nach dem Tod steigen die Menschen hinauf oder hinab und setzen ihre Tätigkeit in diesen Welten fort. In den obersten Welten (Andrejew nennt sie Satomissy) leben gerechte Seelen, in den unteren Schichten (Schrastry) befinden

Anregungen zum Nachdenken

sich dämonische Kräfte. Dämonische Kräfte! Sofort stelle ich mir das Schloss des Zauberers Klingsor vor. Unheimlich und grauenvoll klingt die Musik.

“Die Zeit ist da. Herauf, zu mir”, ruft der böse Zauberer, der die Brüderschaft der gerechten Ritter vernichten will. In allen Volkslegenden und Mythen gibt es immer zwei Pole, die zwei gegensätzliche Realitäten darstellen: oben und unten, das Gute und das Böse. Wie bei uns, in unserer Welt. Erst jetzt beginne ich zu ahnen, was für ein grandioser Kampf geführt wird. Es wird mir unheimlich zumute. Aber da fällt mir das Finale des Wagnerschen Dramas ein:

...Nichts soll mehr verschlossen sein
Enthüllt den Gral, öffnet den Schrein.

singt Parsifal leidenschaftlich und mächtig, und ihm folgen die himmlischen Harmonien des Chors des Lichtes und der Hoffnung:

Höchsten Heiles Wunder!

Erlösung dem Erlöser!

Anregungen zum

Nachdenken

Das Schema der Sakualen und Hauptschichten der aufsteigenden und absteigenden Reihen des Shadanakars nach D. Andrejew

Weltsalvaterra

Elite Shadanakars

Verkehrssakuala der Hierarchien Shadanakars und der Hierarchien der Makrobramfatur und des Weltalls

Wellen der Weltweiblichkeit

Sakualen* der Demiurgen und der Großen Schwestern

Sakualen der Großen Hierarchien

Sinklit der Menschheit

Hauptaspekte der größten Religionen

Sakualen der kosmischen Involtationen

Sakualen der hohen Pflicht

Engel des höchsten Kreises

Engel des untersten Kreises

Fongaranda

Sakuala der Daimonen

Sakuala der Eggregoren

Satomissy

Sakuala der Erleuchtung

Anregungen zum Nachdenken

Welten des Vergeltens und des Leidens

Skriwnus
Landref
Morod
Agr
Bustwitsch
Rafag
Schim-big
Dromn
Fukabirn
Okrus
Gwegr
Ukarwair
Propulk
Yrl
Biask
Amiuz
Ytretsch
Shurstsch
Sufetch

Der finstere Kern

Gascharwa
Digm
Schog

Schrastren

Anregungen zum Nachdenken

Kommentar zur Tabelle

Nicht alle Welten der aufsteigenden und absteigenden Reihen werden von Andrejew ausführlich beschrieben. Für manche gibt er nur die Namen an, andere haben nicht einmal Namen. Es wäre unangebracht, diese mit großer künstlerischer Kraft verfassten Beschreibungen nachzuerzählen. Ich möchte nur auf einige Einzelheiten eingehen, die mir besonders merkwürdig und rätselhaft erscheinen. Beginnen wir mit der absteigenden Reihe.

Und als er seine Hand gelegt in meine,
So heiter, dass ich voller Zuversicht,
Führt er mich ein in die geheimen Schreine.

(Dante, "Die Göttliche Komödie")

Von den literarischen Werken hat mich in meiner Jugend die Erzählung "Hinab in den Maelström" von Edgar Allan Poe besonders stark beeindruckt. Ich weiß noch heute, mit welcher mystischen Angst und welchem Entsetzen ich die grauenvolle Beschreibung des Teufelstrichters las, der unersättlich immer neue Opfer in sich einsaugte. Was aber der in diesen kochenden Kessel eingesogene Fischer erlebte, konnte ich mir nicht vorstellen. Das ging über meinen Verstand.

Ähnliche Empfindungen habe ich jedes Mal, wenn ich Andrejews Beschreibungen der Welten des Vergeltens und Leidens lese... Ich versuche ein musikalisches Bild dafür zu finden, das die unerträglichen Qualen und die Verzweiflung der Millionen Opfer wiedergeben könnte, die vom Teufel in diesen Abgrund von Feuer und Finsternis gebracht worden sind. "Orpheus" von Gluck? "Francesca da Rimini" von Tschaikowsky?

Großartige Musik! Aber sie passt hier nicht, nein, hierher gehört etwas anderes. Man müsste die Vertonung der Höllenqualen eher bei Schostakowitsch, Mahler und Schönberg suchen.

Nun sind wir in Skriwnus.

Skriwnus

"Farblose Landschaft, bleigraues unbewegliches Meer. Hier wohnen Millionen Wesen, die einst Menschen waren. Sie leben in geschlossenen Gruben unter niedrigen, aber unbezwingbaren Mauern." So beschreibt Andrejew die oberste Schicht der Hölle. Die Gründe des Aufenthaltes hier sind Geistesarmut und Besitzstreben, d.h. die am weitesten verbreiteten Sünden unserer Zeit. Andrejew schreibt, dass die Bewohner dieser Schicht sinnlose Arbeit verrichten müssen. Sie kennen keine Freude und kein Glück. Erinnerungen an die Erde plagen sie unaufhörlich. Sie haben auch quälende Angst, in tieferliegende, noch schlimmere Schichten eingesaugt zu werden. Diese Angst ist begründet, denn ab und zu erscheint auf dem Meer ein schwarzes Schiff. Lautlos gleitet es auf dem Wasser, holt eine bestimmte Anzahl von Opfern ab, fährt aufs offene Meer hinaus und versinkt im Abgrund.

Landref

Nun sind wir in Landref, wo Millionen von Seelen von ihrer Gottlosigkeit gereinigt werden.

Anregungen zum Nachdenken

Morod

Hier ist das Reich der Stille und der Einsamkeit. Der Mensch kann nichts tun als sein Gewissen anrufen und sich der von ihm auf der Erde begangenen Verbrechen erinnern.

Agr

Eine Schicht schwarzer Dämpfe mit ätherischen Visionen großer Städte Enrofs. Hier beginnt zum ersten Mal auch die Seele mitzuleiden. Außerdem herrscht hier entsetzliche Angst vor den Wolgren, Raubwesen, die manche Unglücklichen, welche einst Menschen waren, verzehren. Von Wolgren verzehrt zu werden heißt weiter nach unten fallen, in Bustwitsch oder Rafag. Immer tiefer sinkt das ätherische Wesen, belastet mit Sünden und Fehlern. Unermesslich werden auch seine Leiden. Aber Schluss mit den Leiden und Qualen!

Bevor wir zum Licht übergehen, möchte ich ein paar Worte über die Schichten sagen, die an die Schichten der Vergeltung grenzen. Hier befinden sich diejenigen, die die Menschheit zur Verleugnung Gottes angestiftet haben.

Digm

Digm ist die Zuflucht des Teufels. Ein unvorstellbar hässliches Ungeheuer mit aschgrauem Gesicht und gigantischen schwarzen Flügeln schwimmt in einem lilafarbenen Ozean. Sein Name ist Gagtungr. Außer ihm sind in Digm andere dämonische Wesen anzutreffen, es handelt sich sozusagen um die höchste Hierarchiestufe des Bösen.

Anregungen zum Nachdenken

Gascharwa

Diese Schicht ist die Zuflucht für die mittlere Hierarchiestufe des Bösen: Engel des Abgrundes, böse Geister sowie Menschen, die Träger gottloser Missionen sind und dem Teufel bewusst dienen.

Schrastry

Das sind vierdimensionale Räume mit unterschiedlicher Anzahl von Zeitkoordinaten, metageologisch mit den unteren Schichten der Erde verbunden. Sie sind sozusagen die Gegenpole von Satomissen. In Schrastren befindet sich die „Antimenschheit", die aus mehreren Rassen besteht:

Igwen

Igwen sind Wesen mit zwei oberen und zwei unteren Extremitäten, was sie den Menschen ähnlich macht. Aber das ist die einzige Ähnlichkeit. Sie haben rote gestielte Augen, einen rohrartigen Mund, einen zylindrischen Kopf und graue Haut, kurz kein sehr ästhetisches Aussehen. Dafür besitzen sie einen äußerst hoch entwickelten Intellekt, und ihre Zivilisation übertrifft in vielen Bereichen die menschliche. Das Lebensziel der Igwen ist die Eroberung aller Schichten Shadanakars, darunter Enrofs. Für die Menschheit sind die Igwen sehr gefährlich, weil sie dank ihrer wissenschaftlichen Kenntnisse, besonders über den Schrastr der nordwestlichen Kultur Mudgabr, schon die Oberfläche der Erde erreichen konnten.

Anregungen zum Nachdenken

Rarrugen

Rarrugen sind riesige, intellektuell und emotional hoch entwickelte geflügelte Wesen, etwa mesozoischer Dinosaurier, Zentaurer und Engel der Finsternis in einer Gestalt. Aus Rarrugen bestehen die Heere der Schrastren, denn hier werden häufig Kriege geführt. Übrigens sei hinzugefügt, dass die Kriege in Enrof, besonders große Kriege, ohne Zweifel in enger Verbindung mit den Kriegen in den Schrastren stehen.

Uizraoren

Uizraoren sind Dämone der staatlichen Großmacht. Es sind gigantische, einige hundert Kilometer lange Wesen, die ungewöhnlich schlau sind und auch die Redekunst beherrschen. Sie sind Nachbarn der Igwen und können in deren Städte kriechen. Sie bewegen sich mit großer Geschwindigkeit. Sie besitzen alle das gleiche Geschlecht, und ihre Vermehrung ist eine Art Knospenbildung. Der Sprössling wird mit seiner Entstehung sofort zum Todfeind seines Erzeugers. Die Nahrung der Uizraoren sind Ströme psychischer Energie derjenigen Völker, deren Interessen mit staatlichen Belangen in direkter Verbindung stehen. Die Dämonen der Großmächtigkeit strahlen ihrerseits eine große Menge psychischer Energie aus, die von Menschen unbewusst aufgenommen wird und sich in der menschlichen Gesellschaft in Form national-patriotischer Gefühle äußert. Jeder große Staat hat seinen Uizraor. Der Kampf zwischen Uizraoren ebenso wie der Kampf zwischen den Uizraoren und Vertretern des Lichtes ist jenes wichtigste metahistorische Bild, das in Enrof als Politik und Geschichte zum Ausdruck kommt.

Anregungen zum Nachdenken

O Gnadenfülle, drob ich es begehrt,
Den Blick zum ewigen Lichte aufzuschwingen,
So dass sich meine Sicht darin verzehrt.

(Dante, "Die Göttliche Komödie")

Es ist Abend. Ich bin guter Laune, denn heute möchte ich über die Bücher III und VI der „Rose der Welt" sprechen, in denen Andrejew die Welten der aufsteigenden Reihe beschreibt: die Welten des Lichtes, der Freude und der Liebe.

Das 3. Buch beginnt mit der Beschreibung der Sakuala der Erleuchtung. Die Schilderung überwältigt meine Fantasie, obwohl ich schon glaubte, nicht mehr staunen zu können, weil bereits so viel Erstaunliches erzählt wurde. "Zum letzten Mal starb ich etwa vor 300 Jahren in einem Land, das eine andere, sehr alte und mächtige Metakultur gegründet hatte", schreibt Andrejew, und bald wird klar, dass er Indien meint. Er erzählt von dem an seinen Tod anschließenden Aufenthalt im indischen Himmelreich, dessen Name er etwas später mitteilt - Sumera.

Ich mache eine Pause, hole eine Audiokassette mit traditioneller indischer Musik und höre aufs Geratewohl eines der Stücke. Die Musik bezaubert mich, führt mich weit weg, irgendwohin in die Höhe, in jene Welten, von denen Andrejew schreibt. Dort gibt es keinen Sänger mehr, keine Tamboura* mit ihrer innig-leidenschaftlichen Klangfarbe. Es gibt nur noch Gott und meine mit Freude erfüllte, nach ihm strebende Seele. Erst jetzt sehe ich ein, wie wenig ich über Ragas weiß, wie wenig ich sie zu hören verstehe, dass diese Fähigkeit von Kindheit an gelehrt werden müsste, und zwar von einem Meister. Und ich denke: wie viel Schulung wäre notwendig, damit die großen Kulturen Indiens und Chinas sowie die arabische Kultur den Europäern ebenso vertraut würden, wie Bach, Beethoven und Goethe den Russen und Tolstoi, Dostojewski und Tschaikowsky den Deutschen?

Aber fahren wir fort. Die Sakuala der Erleuchtung besteht nach Andrejew aus vier Schichten: Olirna, Fair, Nertis und Gotimna.

Wie gesagt, vier Schichten. Am Ausführlichsten erzählt Andrejew von der Olirna. Er beschreibt ihre wundersame Natur: turmartige Wolken, dunkelgrüner Himmel, vielfarbige Sonnenstrahlen. Er sagt, dass hier nach dem Tod die Begegnungen mit den anderen Verstorbenen, die viele Religionen versprechen, wirklich stattfinden. Auch er verbrachte dort ganze Perioden seiner Existenz gemeinsam mit seinen Verwandten und Freunden. In der Olirna befindet heute sich auch derjenige, der einst Jesus Christus verraten hat und für diese große Sünde in die untersten Schichten der Leiden gestürzt wurde. Jesus Christus selbst war es, der ihn später von unten heraufgeführt hat. “Und ich, erzogen in der Tradition des strengen Brahmanismus, begann die mir unvertraute, unendliche Wahrheit der christlichen Mythen zu verstehen”, gesteht der Autor der „Rose der Welt”.

Auf die nächsten Schichten wird nur kurz eingegangen. Ich möchte lediglich erwähnen, dass Fair von Andrejew als eine gigantische Illumination beschrieben wird: “Die herrlichsten Illuminationen Enrofs sind im Vergleich zu Fair wie ein paar unserer Glühbirnen gegenüber dem Gestirn Orion!” Nertis ist nach Andrejew ein Land der großen Ruhe. In Nertis erfuhr seine ätherische Hülle Wandlungen. Seine Gesichtszüge strahlten ewige, überirdische Jugend aus. An seinen Schläfen leuchteten wie zwei hellblaue Blumen die Organe des geistigen Gehörs. Seine Stirn schien mit einem glänzenden Edelstein geschmückt zu sein. Die Fortpflanzungsorgane verschwanden. Essen wurde dem Atmen ähnlich.

Gotimna wird von Andrejew „Garten großer Schicksale" genannt. Hier nämlich wird die endgültige Entscheidung über die Menschen gefällt, ob sie weiter hinaufsteigen, oder mit einer bestimmten Mission in den Enrof zurückkehren. D. Andrejew wählte das Letztere.

Ich bin bewusst gründlich auf die Sakuala der Erleuchtung eingegangen, die für das postmortale Schicksal des Menschen eine äußerst große Rolle spielt. Nun noch einige Informationen über weitere Sakuale der aufsteigenden Reihe.

Daimonen

Es handelt sich um die geflügelte Menschheit. Die Daimonensakuala ist frei von jedem bösen Einfluss, da die Mission Christi in dieser Welt erfüllt wurde. Das geschah lange vor der Menschwerdung Christi auf der Erde. Jetzt ist die Tätigkeit der Daimonen der weiteren geistigen Vervollkommnung und der Hilfe für die anderen Schichten gewidmet, darunter unsere Menschheit, über die die Daimonen gut unterrichtet sind.

Sakuala der hohen Pflicht

Sie besteht aus mehreren Schichten, die unterschiedliche Bestimmungen haben. Hier befindet sich Iroln, die Schicht, wohin die menschlichen Monaden aus dem Gottesschoß hinabsteigen.

Anregungen zum Nachdenken

Sakualas der kosmischen Involtationen

Es gibt auch davon eine Menge, zum Beispiel: Sakuala der Involtationen Orions, Sakuala der planetarischen Involtationen, Sakuala der Sonneninvoltationen und zuletzt die Sakuala des Galaxiszentrums. Was die Mondbramfatur angeht, so ist nur ein Teil davon in der Sakuala der Involtationen.

Die meisten haben wahrscheinlich den Roman „Die ersten Menschen auf dem Mond" von H. G. Wells gelesen. Vieles von dem, was dieser große Autor in seinem Werk beschrieben hat, sei wahr, meint Andrejew. Die Zivilisation der Mondmenschheit, der Seleniten, sei vor einer Million Jahren untergegangen. Die Ursache sei der Sieg der Monddämonin Woglea gewesen.

Sinklit der Menschheit

Darin befinden sich die Auserwählten. Sie haben eine Gestalt, die mit der Menschengestalt nichts gemeinsam hat, aber sie nehmen eine menschenähnliche Gestalt an, wenn sie in untere Schichten hinabsteigen. Die Entfernungen zwischen den Bramfaturen des Sonnensystems werden von ihnen, getragen von Lichtstrahlen, mit Lichtgeschwindigkeit zurückgelegt.

Elite-Shadanakars

"Sowohl die Menschheit von Enrof als auch die Menschheit der Daimonen und des Mondes, sowie die Engel, Stichialen und auch das Tierreich, dessen metaphysische Wesen ein großes Rätsel darstellen, finden ihre höchste Berechtigung und ihre endgültige Verklärung in diesem höchsten Paradies", - schreibt Andrejew von dieser Sakuala. Dann nennt er einige große Geister der Menschheit, die die Sakuala der Elite Shadanakars schon erreicht haben: Echnaton, Zoroaster, Moses, Hossea, Laotse, Buddha, Aristoteles, alle Apostel außer Paulus, Titurel, Maria Magdalena, Jeanne d' Arc, Dante, Leonardo da Vinci ...

Weltsalvaterra

Diese höchste Sakuala besteht aus drei Bereichen: dem Reich dessen, der uns als Jesus Christus bekannt ist, dem Reich der heiligen Jungfrau Maria und dem Reich der Großen Weiblichen Monade. "Das Weltsalvaterra ist das Herz des Planeten und seine innere Sonne. Nur durch es eröffnen sich alle Höhen, Breiten und Tiefen des geistigen Weltalls, das auch die Sternenarchipel und die Ozeane der Metagalaxis umfasst, die so öde wirken. Wenn die Menschheit physisch und dann metaphysisch ihren kolossalen Zyklus vollendet hat, wenn auch alle anderen Reiche der irdischen Natur ihren Zyklus vollendet haben, so lösen sie sich aus diesem planetarischen Paradies. Dann beginnt die Öffnung der Weltsalvaterra. Wie eine Blume öffnet sie sich dem geistigen Weltall entgegen, das bereit ist, sie zu empfangen. Die Weltsonne wird über dieser Blume strahlen und der Himmel wird ihre wohlriechende Strahlung aufnehmen."
Doch das endgültige Ziel ist damit noch nicht erreicht, es wird dann noch unendlich weit entfernt liegen. Heute liege es außerhalb des Bereichs jeder Vorstellung, schließt Andrejew seine Erzählung über die höchsten Welten des Shadanakars.

Anregungen zum Nachdenken

Zu den Religionen

Jesus Christus:
„Und wenn ihr nur eure Brüder grüßt, was tut ihr damit Besonderes? Tun das nicht auch die Heiden?“
(Mt 5-47)

Mit unaussprechlicher Andacht und Vorsicht beginne ich dieses Kapitel, denn erstens handelt es von Religionen, welche die Weisheit Gottes widerspiegeln, d.h. mit Gott unmittelbar zu tun haben, zum anderen unterscheiden sich diese tiefgreifend voneinander. Das lässt sich leicht nachvollziehen: Jedes Volk hat seine eigene Kultur, seine Bräuche und Traditionen, seine besondere Mentalität. Es ist aber unverständlich, warum die Menschen diese Unterschiede nicht für gute, sondern für böse Zwecke benutzen. Es ist ja vollkommen absurd, dass Auseinandersetzungen über die Deutung eines religiösen Dogmas Feindseligkeit und Hassgefühle hervorrufen und oft zu Kriegen führen. Es wird mir bei diesem Gedanken ganz mulmig zumute. Worin liegt die Wurzel des Bösen? Immer wieder denke ich darüber nach, suche in Büchern nach einer Antwort. Nehmen wir einmal die Lehre von Zoroaster, eine der ältesten Religionen auf der Erde. Sie ist voller Licht, Reinheit und Gerechtigkeit. Es gibt auch den alleinigen Gott. Nur die Vorstellung von der Dreieinigkeit Gottes fehlt. Auch unter dem Erlöser versteht man hier etwas anderes als bei den Christen. Übrigens gilt das auch für die Mohammedaner. Sie können nicht damit einverstanden sein, dass der alleinige, allgegenwärtige und heilige Gott sich in Zeit und Raum verkörpert, dazu noch in einem derart

Anregungen zum Nachdenken

beschränkten Wesen wie dem Menschen. Für die Christen dagegen ist die Menschwerdung eine der Grundideen, wie auch die Idee der Heiligen Dreieinigkeit. Aber woran liegt es, dass die Auseinandersetzungen über die Deutung der heiligen Begriffe zur großen Kirchenspaltung geführt haben? Die christliche Kirche teilte sich in Westkirche und Ostkirche, in Katholiken und Orthodoxe. Dann fielen vom Katholizismus eine große Anzahl von Gläubigen ab, die sich Protestanten nannten. Der Grund der Spaltung war angeblich heilig: die Reinigung des Glaubens, der Kampf gegen die politische Macht des Papstes, gegen die Käuflichkeit und Korruption der katholischen Pfarrer. Aber die Folgen waren wiederum Hass und Krieg, neue Spaltungen und Teilungen des einst großen Ganzen. Es ist bedauerlich.

Wie steht es nun mit dem Hinduismus? Vor kurzem habe ich ein hervorragendes Buch gelesen: "Die Autobiographie eines Yogi" des berühmten indischen Yogi Paramahansa Yogananda. Er erzählt darin in beeindruckender Weise über Indien, seine Kultur und selbstverständlich über den Hinduismus, unter anderem wird einer der wichtigsten Grundsätze des Hinduismus erwähnt: die Idee der Seelenwanderung. Obwohl der Autor achtungsvoll vom Christentum spricht und oft die Bibel zitiert, bemerkt er häufig, dass das Gesetz der Reinkarnation allgemeinen Charakter hat und für alle, auch für die Christen gilt. Aber die Christen und Mohammedaner wollen dieses Gesetz nicht anerkennen.

Was das Judentum angeht, so wurden die Anhänger dieser Religion Jahrhunderte lang verfolgt und großen Leiden ausgesetzt. Man beschuldigte sie hauptsächlich der Nichtanerkennung und Kreuzigung Christi. Eine ernstzunehmende Anschuldigung, das sehe ich ein, aber wie ungeheuerlich ist die Vergeltung, die seit 2000 Jahren andauert!

Viele versuchten das Judentum, die Religion der Verfolgten, zu vernichten. Der Buddhismus seinerseits ruft zur Vernichtung des persönlichen Daseins sowie der ganzen Welt als Quelle des Bösen auf. Das irdische Dasein sei ein Übel, heißt es, alle Versuche, Gottes Gnade zu finden, seien daher sinnlos. Es gebe nur eine Rettung: die Selbstauslöschung, nicht im physischen Sinne, sondern sozusagen die Vernichtung der Welt in sich.

Nach diesen Worten werde ich traurig. Es ist mir nicht gut zumute. Pessimismus ergreift von mir Besitz. Gibt es einen Ausweg? Es bestehen viele Unterschiede, aber noch mehr Hass, Intoleranz und Fanatismus. Man hat kein Verständnis füreinander, vielmehr, man will einander nicht verstehen. Deshalb wende ich mich nun wieder Andrejew zu. Der Weg, den er vorschlägt, ist einfach, aber gleichzeitig unermesslich schwer. Doch es ist der einzige Weg. Also, zuerst eine gründliche Analyse der Auseinandersetzungen, das Auffinden der Ursache, sozusagen der Wurzel des Bösen, um dann einen Ausweg zu finden. Leicht gesagt. Was aber bedeutet das?

In seinem Buch werden konkrete Beispiele angeführt und Ratschläge gegeben, wie man einen Ausweg finden könnte. Aber darauf möchte ich nicht eingehen. Lieber zitiere ich einige andere Worte Andrejews, die ähnlich den Strahlen der aufgehenden Sonne, den Weg zu Gott beleuchten:

“Möge jeder Christ andachtsvoll einen buddhistischen Tempel betreten: Tausende Jahre lang erkannten die Völker des Orients, getrennt von den Zentren des Christentums durch Wüsten und Gebirge, durch die Weisheit ihrer Lehrer die Wahrheit aus anderen Teilen des

Anregungen zum Nachdenken

Himmelreiches. Durch den Weihrauch flimmern hier die Gestalten der großen Herrscher der jenseitiger Welten und der großen Propheten, die den Menschen von diesen Welten erzählt haben. Der westliche Mensch ahnt nichts von diesen Welten. Doch sollten sich sein Verstand und seine Seele die hier gesammelten Erkenntnisse aneignen.

Möge jeder Moslem mit friedlichen und heiligen Gefühlen in einen hinduistischen Tempel eintreten. Nicht falsche Götter sehen ihn hier an, sondern symbolische Verkörperungen der großen Geister, die die Völker Indiens erkannt und herzlich liebgewonnen haben. Ihre Zeugnisse sollen von anderen Völkern mit Freude und Vertrauen akzeptiert werden.

Möge auch ein rechtgläubiger Shintoist ohne Verachtung und Gleichgültigkeit an dem unauffälligen Bau einer Synagoge vorbeigehen: Denn ein anderes großes Volk, das die Menschheit mit den größten geistigen Werten bereichert hat, pflegt hier seine geistigen Erfahrungen und Wahrheiten, die nur ihm und keinem anderen Volk mehr offenbart wurden.

„Rose der Welt“ könnte man mit einer Blume vergleichen, deren Wurzeln in den Himmel reichen, während ihr Blütenkelch hier auf der Erde, inmitten der Menschheit ist. Ihr Stängel ist eine Offenbarung, durch ihn fließen geistige Säfte, die ihre Blütenblätter ernähren und stärken: einen wohlriechenden Choral der Religionen.

Anregungen zum Nachdenken

Anmerkungen

S.7 * “Die Unbekannte“ - ist eines der populärsten Gedichte von A. Blok.
** „Die Zwölf“ - ist das berühmte lyrische Werk A. Blks, in dem der Dichter von der russischen Oktoberrevolution im Jahre 1917 erzählt.

S. 8 * Shadanakar – ist der Name des Systems der Ebenen (mehr als 240) unseres Planeten. Diese Ebenen bestehen aus unterschiedlicher Materie und haben verschiedene Dimensionsausdehnung und Zeitströme.
** Metageschichte – 1. Gesamtheit der Prozesse, die in den Schichten immateriellen Daseins verlaufen, welche sich in den bisher unbekannten Arten von Räumen und Zeitströmen befinden. Diese Prozesse beeinflüssen das Leben auf der Erde und steuern unsere Geschichte.
2. Die religiöse Lehre von diesen Prozessen.

S. 14 * Monade – ist die ursprüngliche, ungeteilte, geistliche Einheit. Es gibt zwei Arten von Monaden: 1.Von Gott geborene; 2.Von Gott geschaffene

S.26 * Monsalvat – ist der Name der feinstofflichen Ebene der nordwestlichen Kultur
** Enrof – ist der Name unserer physikalischen Ebene. Sie ist von drei Raumkoordinaten und einer Zeitkoordinate gekennzeichnet.

S. 28 * Sakuala – ist das System zweier oder mehrerer Ebenen, die verschiedene Dimensionen aufweisen und eng miteinander verbunden sind.

S. 35 * Die Tamboura-ist eine der ältesten Instrumente der traditionellen Musik Indiens.

Teil II

Der ehrwürdige Priester Timofej aus München und seine Kirche des Ostens und des Westens

Der ehrwürdige Priester Timofej aus München und seine Kirche des Ostens und des Westens

Timofej (aus einem Zeitungsbericht)

1944 lebte in Russland, in der Stadt Schachty am Don, ein betagter Mann, der hieß Timofej. Für die Front taugte er nicht mehr, denn er war damals bereits 51 Jahre alt. Er hatte zwei Pferde und einen Wagen, auf dem er Kohle zum Markt fuhr. Davon lebten er und seine Familie. Eines Tages begegnete er sich zurückziehenden deutschen Truppen und musste seine Pferde und den Wagen den Deutschen überlassen. Sie luden ihre Waffen darauf. Timofej hoffte, den Wagen und die Pferde zurückzubekommen, und begleitete sie einige Zeit. Aber vergeblich. Es war nichts zu machen. Er musste nach Hause: dort warteten seine schwangere Frau und zwei Kinder auf ihn. So ging er zurück. Es war ein Winterabend. Plötzlich erschien vor ihm eine Feuersäule, und darin erblickte er die Gottesmutter. "Timofej", - sagte sie streng, "es gibt kein Zurück für dich. Geh nach Deutschland und baue dort die Kirche des Ostens und Westens auf."

Timofej fiel in den Schnee nieder und weinte: "Wie kann ich? Ich werde zu Hause erwartet, meine Frau soll gebären." Die Gottesmutter kam dicht an ihn heran, streichelte ihn und sagte gütig: "Fürchte dich nicht, deine Frau hat einen Sohn geboren, er wird Wolodja heißen. Ich werde für deine Familie sorgen. Du aber sollst gehen. Du bist dazu auserwählt, die Kirche aufzubauen". Er konnte nicht anders, also machte er sich auf den Weg.

So begann es. 53 Jahre sind seitdem vergangen. Vieles erlebte er in dieser Zeit: Illegal eingereist, ohne Pass, ohne Sprachkenntnisse, musste er sogar ins Gefängnis. Er wurde verspottet. Sein Leben war oft in Gefahr. Er hungerte. Was er baute, wurde oft wieder zerstört. Trotz alledem gelang es ihm dennoch eine Kirche aufzubauen, in der alle Religionen als gleichberechtigt gelten, und zwar genau an jenem Ort, den ihm die Gottesmutter genannt hatte: in München, am Oberwiesenfeld. Daneben befindet sich das berühmte Olympiastadion. Wegen dieses Stadions hatte er auch einige Schwierigkeiten. Nach den ursprünglichen Plänen sollte das Stadion ausgerechnet an der Stelle gebaut werden, wo sich sein Haus befand. Timofej sträubte sich jedoch zu gehen, hatte ihm doch die Mutter Gottes diese Stelle zugewiesen. Es wurde lange gerungen. Journalisten besuchten ihn. Einmal kam auch der Leiter des Projekts, Herr Behnisch, in sein Haus. Er hörte sich aufmerksam die Geschichte von Timofej an und sagte dann überraschenderweise: “In Ordnung. Ich werde das Stadion etwas weiter weg bauen. Die Kirche soll hier bleiben!” Was ihn wohl zu dieser Entscheidung bewogen haben mag?

So lebt Timofej bis heute hier. Mit seinen 104 Jahren läutet er noch immer selbst die Glocken und zelebriert täglich den Gottesdienst in seiner Kirche. Für alle zusammen - für Orthodoxe, Katholiken, Lutheraner und andere. Von überall her kommen Leute zu ihm, betreten die Kirche und lesen die Worte am Eingang: “Alle sind Eins”. Alle freuen sich über diese Worte. Mit Güte und Liebe erfüllt, verlassen die Menschen Timofej, um dieses Gebot weiterzugeben. Timofej will jetzt an dieser heiligen Stätte eine steinerne Kirche bauen. Der Ort soll „Das Neue Jerusalem“ heißen. Viele kirchliche Gemeinschaften werden dann hier ihre Glocken läuten. Menschen aus aller Welt werden hierher kommen. So spricht Timofej, und ich glaube schon festliches Glockengeläute zu hören. Ich glaube jedes seiner Worte. Ich muss an ihn glauben, denn sein ganzes Leben besteht aus reiner Wahrheit, einer heiligen Wahrheit.

Der ehrwürdige Priester Timofej aus München und seine Kirche des Ostens und des Westens

Fahrt nach München

Das leise Geräusch des laufenden PS-starken Motors erinnert mich an ein tiefes Kontrabasstremolo. Ich sitze am Steuer unserer alten Jetta. Wir, meine Frau und ich, fahren über die berühmte Autobahn A5, die Mitteldeutschland mit dem Süden verbindet, nach München. Die Straße wird immer steiler. Draußen bietet sich ein schöner Ausblick auf den Schwarzwald. “Sascha, ruh dich mal aus. Du fährst schon viele Stunden lang. Lass mich fahren”, sagt meine Frau. Ich habe nichts dagegen, und wir tauschen die Plätze. Meine Augen fallen vor Müdigkeit zu, aber ich kann nicht schlafen. Und dann passiert es mir wieder, wie schon mehrmals in letzter Zeit: Irgendwo in der Tiefe meines Bewusstseins höre ich eine unruhige Stimme voller Bedenken, die Stimme meines anderen, immer zweifelnden und unbefriedigten Ich, quälend und beharrlich wie das Leitmotiv der 3 Spielkarten aus Tschaikowskys Oper “Pique Dame”. Warum und wozu bin ich hier? Wie geht es weiter? Das sind die Fragen, auf die ich keine Antwort finde. Immer wieder beschwöre ich die Ereignisse der letzten drei Jahre herauf und versuche festzustellen, welchen Fehler ich begangen habe.

Sankt Petersburg 1994. Meiner Familie ist die ständige Wohnsitznahme in Deutschland erlaubt worden, denn meine Frau ist Deutsche, und alle ihre Verwandten leben seit Jahren in Deutschland. Ich bin Russe. Meine Verwandten und Freunde, meine ganze Welt ist in Russland. Soll ich das alles von heute auf morgen verlieren? Unmöglich! Und wenn ich doch bleibe? Die Arbeit, die Mittel, das bisschen Geld, das irgendwie das Existenzminimum sicherte, - alles ist plötzlich und für immer weg. Man muss das Leben neu beginnen. Ich habe keine Kraft mehr. Meine letzte Energie habe ich zur Gründung eines Theaters eingesetzt. Ich habe mich dieser Sache völlig hingegeben. Doch alles ist gescheitert, zusammengestürzt und verfallen, wie übrigens die ganze Sowjetunion in dieser Zeit, "ein fester Bund der freien Republiken".

Alle Bedenken verschwanden jedoch augenblicklich, als ich die Ausreiseerlaubnis exakt am Weihnachtstag erhielt. Darin sah ich ein Zeichen Gottes. In dieser Zeit wandte ich mich immer mehr der Religion zu. Und dann... , dann kam es wie bei Schuberts Müller: Alles geriet in Bewegung, alles drehte sich wie in einem Wirbel. Heute kann ich mich kaum noch daran erinnern, wann und wo das geschah - Besuche im Sozialamt, Kurse in der deutschen Sprache, Praxis, wieder Kurse, irgendwelche Jobs und endlich eine richtige Arbeit als Musiklehrer an einer Waldorfschule, die mir übrigens keine Befriedigung brachte. Das einzige, was mir Freude machte, war das Komponieren. Trotz des Zeitmangels gelang es mir ein Werk zu vollenden, an das ich immer noch mit Freude denke: "Rose der Welt", Mysterium für Chor und Orchester nach dem Buch von D. Andrejew. Ich halte es für mein bestes Werk. Vielleicht bin ich gar nur dazu hierher gekommen!

Das Auto bremst plötzlich vor einer Verkehrsampel, und ich bin wieder in der Gegenwart. Wir sind schon in einem Vorort Münchens. Wieder befallen mich Zweifel. Wozu bin ich hier? Warum quäle ich meine Frau? Lore tut mir leid. Sie muss todmüde sein. Es ist ja

Der ehrwürdige Priester Timofej aus München und seine Kirche des Ostens und des Westens

sehr anstrengend, viele Stunden das Auto zu fahren. Und ich? Was suche ich hier? Nun gut, ich habe in einer Zeitung gelesen, hier in München lebe ein russischer Pfarrer, er habe eigenhändig eine Kirche gebaut und sei heute 104 Jahre alt. Warum soll ich mich für ihn und seine Kirche interessieren?

Ohne Mühe finden wir das Olympiazentrum. Väterchen Timofej, so nennt man ihn hier, wohnt irgendwo in der Nähe. Da ist schon sein Haus. Er öffnet persönlich die Tür. Uns fällt sofort seine Ähnlichkeit mit Leo Tolstoj auf, er ist ebenso grauhaarig und mächtig, mit durchdringendem und gütigem Blick voller Verständnis. Wir begrüßen uns, und ich frage ihn: “Sind Sie orthodoxer Pfarrer?” - “Nein, mein Sohn”, sagt er, “ich bin kein Pfarrer, und meine Kirche ist keine orthodoxe Kirche”. Ich bin verwirrt: “Welche Kirche leiten Sie denn?” - “Die Kirche des Ostens und des Westens, die Kirche für alle Religionen, eine Einheitskirche, das heißt Weltkirche!”

Mir stockt der Atem vor Aufregung. Ich gehe, nein, laufe zu der Kirche hin. Und tatsächlich, über der Tür steht: „Alle sind Eins“. Ich betrete das Gotteshaus und bete. Dann fällt mir ein: das ist ja die Kirche der „Rose der Welt“, von der D. Andrejew in seinem Buch schreibt. Ist dieser wunderbare Alte der erste Priester der „Rose der Welt“ auf der Erde?

Der ehrwürdige Priester Timofej aus München und seine Kirche des Ostens und des Westens

Erzählungen des ehrwürdigen Timofej aus München

Ich sitze in einem kleinen Zimmer des Bauernhauses von Timofej: ein langer Tisch, ein kleines Sofa in der Ecke, Ikonen an den Wänden. Schwer zu glauben, dass wir fast im Zentrum Münchens sind. Nur 15 Minuten fährt man mit der Straßenbahn bis zum Marienplatz, trotzdem fühle ich mich wie in einem kleinen russischen Dorf. Draußen ist herbstliches Wetter, im Haus ist es warm und gemütlich. Timofej hat eben noch einen Arm voll Holz in den winzigen Ofen gelegt und sitzt mir jetzt gegenüber. Ich richte meine Videokamera auf ihn und bitte ihn, seine Geschichte von Anfang an und mit allen Einzelheiten zu erzählen.

Timofej beginnt, und seine mächtige Stimme scheint nicht nur den Raum des Hauses zu erfüllen, sondern sich auch nach draußen auszubreiten, scheint hinaufzusteigen über das Haus, das Stadion und den Fernsehturm, der wie ein großer Mast auf dem Schiff Erde wirkt. Ich sehe vor mir nicht mehr Timofej, sondern den Propheten Ezechiel, von dem Timofej so oft spricht. Er steht vor den Menschen und erzählt von einem großen, von Gott herabgesandten Wunder. Er leidet mit, er klagt, er ruft Gott an und betet für das menschliche Geschlecht.

Es war im Jahre 44
Im Februar ging ich nach Haus
Da sah ich hohes Feuer blitzen
Von dem ging helles Glänzen aus

Der ehrwürdige Priester Timofej aus München und seine Kirche des Ostens und des Westens

Inmitten Mutter Gottes stand
Die zu mir sprach im tiefen Schnee
„Du, Menschensohn“, Sie mich benannt
„Du wirst nicht mehr nach Hause gehn
Der Weg ist mühsam, lang und schwer
Die Friedenskirche wirst du bau’n
Die Menschen kommen mehr und mehr
Ich will dich führen, hab‘ Vertrau’n
Aus vielen Ländern, um zu beten
In allen Sprachen zu einem Gott
Werden sie meine Kirch‘ betreten
Und Ruhe finden in Seelennot“
Auf Knien flehte ich und klagte
Weinte um Heimat, Kinder, Frau
Besänftigend Maria sagte:
„Geh‘ Menschensohn, geh‘ und vertrau‘
Hab‘ keine Angst, sorge dich nicht
Geh‘ bis ans Ziel mit frohem Mut
Der heil’gen Worte helles Licht
Entfache meines Herzens Glut“
So stand ich auf, um zu erfüllen
Was Sie mir aufgetragen hat
Geleitet unter Gottes Willen
Kam ich dann in die Münch’ner Stadt
Doch was ich baute, ward zerstört
Nur Spott und Hohn, groß war die Pein
Mein Anliegen blieb ungehört

Der ehrwürdige Priester Timofej aus München und seine Kirche des Ostens und des Westens

Sogar Gefängnis musste sein
Ein Mörder fast den Tod mir brachte
Die Hand zum Himmel ich erhob
Und Gottes Geist über mir wachte
Mir Retter war in meiner Not
Die Dankbarkeit trieb mich zum Fasten
Ich wachte viele Nächte, Tage
Nur Beten war mein einzig Rasten
Bis mir zuteil ward große Gnade
Der Herr erschien mir als Gesicht
Und sprach: „Sohn fürchte dich nicht
Dein zwanzigtägig Fasten reicht
Für ein Jahr will Ich hundert schenken“
Da wurde meine Seele leicht
Erfüllt mit Frieden war mein Denken
Wie damals, als Maria sprach
Bau‘ eine Kirche in diese Zeit
Und spreche meine Worte nach
Für heut‘ und alle Ewigkeit
„Alle sind Eins“, erklang die Stimme
Schreibe es über's Kirchentor
Dass allen Menschen es erklinge
Der göttlich Worte Himmelschor

Der ehrwürdige Priester Timofej aus München und seine Kirche des Ostens und des Westens

Anrufung der heiligen Gottesmutter durch Polina, Helferin des ehrwürdigen Timofej (sie erzählt von einem Wunder, das sie zu dem heiligen Alten geführt hat)

Gottesmutter Heilige, unsere Herrin
Du Trost und Fürbitterin der Welt
Zu Dir rufe ich, zu dir Mutter Gottes
Mit Glauben und mit Dank erfüllt.
Dank sei dir, zeigtest du mir doch
Den Weg zu jenem heil'gen Ort
Oft denke ich an diesen Tag
Und wie Du mich geleitet hast
Zum alten Timofej und Natascha
Nichts wusste ich
Nichts ahnte ich
Auch Zufall war es nicht
Doch Schicksal, mir bestimmt
Nataschas Spur zu folgen
Bis zu dem Tag
Wo Todesqual die Seele trieb
Und sich mir anvertraute
Unter Tränen, Abschiedsworte sprach:
„ Die Zeit läuft aus
Der Herr erwartet mich
So nimm entgegen meine Bitte

Der ehrwürdige Priester Timofej aus München und seine Kirche des Ostens und des Westens

Wenn ich gegangen bin
Tritt an meine Stelle
Hilf Timofej, so gut du kannst
Er braucht statt meiner – deine Hand“
Vergib mir Mutter, vergib mir meine Schuld
Ich hab‘ es damals nicht geglaubt
So Vieles hatte ich im Sinn
Natascha starb, und schon vergessen waren ihre Worte
Doch du hast es gewollt
Doch du hast mich belehrt
Du Mutter Gottes hast mich zu ihm geführt
An jenem Tag zu seinem Haus
Es wurde still
Die Luft war klar
Die Pforte offen
Sah ich ihn steh’n, den Mann
Mit seinem strengen Blick
Der tief mein Inneres durchdrang
Und meine Hand ergriff
Mich schweigend führte
Um das Gotteshaus
Mir Flügel gab, die aufwärts strebten
Weit über diese Erde
Hinauf in blaue Höh’n
Mich trugen und gleich darauf
Stand ich am Tor
Er war noch da

Der ehrwürdige Priester Timofej aus München und seine Kirche des Ostens und des Westens

Meine Hand, die gab er frei ...
Mein Mund, der wollte reden, fragen
Doch schon entschwand er
Löste sich auf vor meinen Augen
Ein Zeichen war's, ich weiß
Um Deine Mahnung, Deinen Willen
Göttliche Mutter, zu erfüllen

Der ehrwürdige Priester Timofej aus München und seine Kirche des Ostens und des Westens

Die Geschichte von Maria, die während des Besuches bei dem heiligen Timofej im Oktober 1997 viel Ungewöhnliches und Merkwürdiges erlebte

Es ist so Vieles, Alexander,
Wo nur beginnen, sag ...
All meine Gedanken wandern,
Zurück zu jenem Tag

Ich beginne ganz am Anfang. Ich wurde in eine religiöse Familie hineingeboren, das ist wahr. Meine Familie war wirklich sehr religiös. Bevor mein Vater ein echter Suchender nach Gott wurde, wäre er fast ertrunken. Das trieb ihn an.

In unserer Stadt gab es viele Atheisten und starke Widerstände gegen eine neue Kirche. Durch das große Engagement meines Vaters wurde sie aber schließlich doch gebaut. Ich war die erste, die in dieser Kirche getauft wurde. Maria in der Marienkirche. Symbolträchtig, nicht wahr? Mit der Zeit wurde es mir langweilig, sonntags den Gottesdienst zu besuchen. Ich sehnte mich nach etwas Anderem, Höherem. Wir sind ja Menschen, und selbstverständlich streben wir nach Höherem. Wir wollen wissen, wohin wir gehen und was aus uns wird.

So kam ich zum Buddhismus und zum Hinduismus und hörte zum ersten Mal von Sathya Sai. Das half mir, den Weg zur Selbstvervollkommnung zu finden. Ich lernte mit meiner Lebensenergie umzugehen, begeisterte mich für Yoga und begann, die Zukunft vorherzusehen. Aber alles, was ich dazulernte, brachte mich nicht vom Katholizismus ab. Im Gegenteil. Ich konnte ihn seitdem viel tiefer verstehen. Jetzt, glaube ich, gibt es, wenn ich zu Jesus bete, in meinem Gebet wieder jene Reinheit und Innigkeit, die den ersten Christen eigen war und die mir früher fehlten. Sobald ich von dem „Alten“ aus München und seiner Ost-West Friedenskirche erfuhr, wollte ich ihn besuchen. Ich nahm meine Lieblingsmadonna aus Fatima und eine rote Rose, las ein Gebet und machte mich auf den Weg.

Nun bin ich in München. Ich steige am Olympiazentrum aus. Überall sind viele Leute. Ich weiß nicht, wohin ich gehen soll und laufe aufs Geratewohl los. Plötzlich sehe ich auf dem Bürgersteig zwei nackte Füße. Ich hebe den Kopf und siehe, das erste Wunder geschieht: Neben mir schreitet der barfüßige Christus in seinem alten Rock. Er geht vorbei und verschwindet in der Menschenmenge ...

Sehr lange suche ich die Kirche und schließlich trete ich dann in ihre vollkommene Stille ein. Im Gehen bete ich und es geschieht ein weiteres Wunder. Als ich in der Kirche bete, bebt es unter mir, jedes Mal erneut, wenn ich zu beten beginne. Das ist die reine Wahrheit! Dann kommt das dritte Wunder. Vor dem Häuschen Timofejs erinnere ich mich an die Rose, welche ich in meinem Rucksack mitgenommen habe und bekomme einen Schreck. „Sicher ist sie ganz zerdrückt“, sage ich mir. Ich öffne den Rucksack ... sie ist so frisch wie ehedem! Timofej nimmt mich freundlich auf. Wir beten zusammen, dann gehe ich zur Kapelle, die neben der Kirche steht, trete ein, knie nieder und ... o Wunder!

Zu beten hatte ich begonnen
Lebendig wurden die Ikonen
Die Heiligen und die Madonnen

Der ehrwürdige Priester Timofej aus München und seine Kirche des Ostens und des Westens

Blickten von Ihren Thronen
Waren es der Engel Stimmen?
War's göttliches Verlangen?
Hier gab es kein Entrinnen
Liebe hielt mich umschlungen

Der Herr sprach: "Wenn du wirklich liebst
Musst du von nun an bleiben
Nur wenn du loslässt, Alles gibst
Verringerst du das Leiden"

"Aber warum? Ich habe doch meine Familie", rufe ich und weine. Es ist mir so schwermütig und traurig zumute, wie ich es noch nie erlebt habe. Aber dann denke ich an Seine Worte: „wenn du liebst", und entschließe mich, hier zu bleiben. Ja, ich werde hier bleiben! Bleiben, bleiben, bleiben!

Und sobald ich mich dazu entschlossen hatte, war mir, als ob ich Flügel bekäme und in die Höhe flöge, ich flog immer höher und fühlte mich so selig. Was weiter geschah, weiß ich kaum. Jemand, den Timofej zu mir schickte, kam mich abholen, um mich zum Bahnhof zu bringen. Es war schon Zeit, zu gehen. Aber ich wollte nicht gehen. Erst im Zug wurde mir klar: das war die Prüfung meines Glaubens. Nun stand es fest: ich musste nach München und mich der Sache Timofejs widmen. Der Herr hatte mir doch gesagt:

„wenn du liebst!"

Der ehrwürdige Priester Timofej aus München und seine Kirche des Ostens und des Westens

Teil III

Gedanken an die Zukunft

Gedanken an die Zukunft

Ist die Waldorfschule ein Vorläufer der künftigen Schulen der „Rose der Welt“?

Ein Jahr lang habe ich in einer Waldorfschule gearbeitet. Früher habe ich von diesen besonderen, Anfang des 20. Jahrhunderts gegründeten Schulen wenig gewusst. Sie entstanden auf der Grundlage der Ideen des berühmten Begründers der Anthroposophie Rudolf Steiner. Die Meinungen, die ich über diese Schulen gehört hatte, waren sehr unterschiedlich: von grenzloser Begeisterung bis zur absoluter Ablehnung.

Dort herrsche eine besondere Atmosphäre der Güte und der Liebe, sagten Einige. Die Lehrer seien regelrechte Seelenführer, sie brächten den Schülern nicht nur Kenntnisse bei, sondern auch moralische Grundsätze. Jeder Winkel dieser Schule atme Musik, und die Eurhythmie verbinde die Seelen der Kinder mit kosmischen Sphären.

Ach was, das sei Unsinn, sagten dagegen Andere. Die Waldorfschulen seien ganz ordinäre Schulen mit ordinären Lehrern. Die Schüler seien, wie überall heutzutage, verwöhnt, faul, unfreundlich und manchmal auch hart. Es gebe die gleichen Probleme mit der Disziplin. Aber in einer normalen Schule werde darüber zumindest offen gesprochen. Außerdem dürften die Schüler einen Kassettenrekorder in der Stunde benutzen, etwas hören und mitsingen, am Computer spielen und abends fernsehen. In der Waldorfschule würde das entweder nicht empfohlen oder verboten. So waren die Meinungen der Anhänger und der Gegner der Waldorfschule.

Nun bin ich selbst ein Musiklehrer dieser Schule. Ich unterrichte sechs Klassen und leite das Schulorchester. Vor der ersten Stunde rege ich mich auf, denn mein Deutsch lässt zu wünschen übrig. Die Schüler der 11. Klasse empfangen mich misstrauisch. Ich erzähle und spiele Klavier, versuche ihr Interesse zu wecken, aber vergeblich. Die Schüler hören mir nicht aufmerksam zu, während des Klavierspiels werden sie laut. Ich spiele Werke von Beethoven und Tschaikowsky und erzähle von ihrem Leben. Kein Interesse, keine Aufmerksamkeit, keine besondere Stille, die früher immer während meiner Musikabende herrschte und an die ich gewöhnt war. Ich bin unzufrieden und betrübt und versuche nach der Stunde den Grund meines Misserfolgs zu finden. Ich glaube, es liegt an mir.

Dann beginnt die alltägliche Arbeit mit Erfolgen und Niederlagen. Nach und nach sammle ich Erfahrungen, dann wächst mein Verständnis für die Probleme der Waldorfschule. Wenn es auch seltsam erscheinen mag, bekam ich Antworten auf viele Fragen in dem Buch Andrejews.

Gedanken an die Zukunft

Drei Miniaturen aus der Waldorfschulsinfonie für einen nie verstummenden Schülerchor und das kaum hörbare Solo des Lehrers

Miniatur 1

"Herr Sojnikow, werden wir heute Kassetten hören?" Die Frage Peters ist provokativ, seine Augen lachen dabei verschmitzt, denn er weiß, dass Kassettenrecorder in der Schule verboten sind. Aber wie kann ich vom Requiem Mozarts oder der 8. Sinfonie Schuberts sprechen, wenn ich mich auf das Klavierspielen beschränken muss? Deshalb habe ich einen Kassettenrecorder gekauft und bringe ihn mit in die Schule. Die Schüler sind natürlich verwirrt, sie tun aber so, als wäre nichts geschehen. Ich sage ihnen, dass wir im 20. Jahrhundert leben und dass es in jedem Haus einen Fernseher, einen Kassettenrecorder oder auch einen Computer gibt. Das Verbot dieser Dinge in der Schule sei deshalb fraglich, denn die Schüler lernten dadurch lügen. Als weiteres Beispiel führe ich mein eigenes Leben im Land an, wo auch eine Doppelmoral herrschte, und erkläre, wozu das geführt hat.

Zu Hause denke ich über dieses Gespräch nach, und erst jetzt fällt mir auf, dass ich das Wesentliche nicht habe formulieren können. Wie weise und gleichzeitig einfach und zugänglich spricht Andrejew davon in seinem Buch „Rose der Welt". So z. B. von dem verhängnisvollen Fehler, den die Menschheit begangen hat, indem sie für ihre Entwicklung den Weg des wissenschaftlich-technischen Fortschritts gewählt hat. An einigen Beispielen zeigt er nur einen geringen Teil der Möglichkeiten, die offenständen, wenn die Menschheit einen anderen Weg beschreiten würde, den Weg, der die Entwicklung der inneren, geistigen Fähigkeiten des Menschen, seinen Willen und seine Erleuchtung hervorbringt. Das würde vieles ermöglichen: durch Wände zu gehen, sich in der Luft und auf dem Wasser zu bewegen, blitzartig große Entfernungen zurückzulegen, bisher unheilbare Erkrankungen zu besiegen und Tote wieder zu erwecken.

Wie könnte die Welt sein, wenn die Menschheit alle Mittel, die sie für die Entwicklung der Wissenschaften aufwendet, für die Selbst-Vervollkommnung einsetzte? Dann wäre schon der Gedanke eines unmoralischen oder unethischen Charakters der Errungenschaften nicht mehr möglich. Was haben wir aber jetzt? Die Wissenschaft, frei von Normen der Moral und der Ethik, ist vielen gewissenlosen Politikern und Geschäftsleuten ausgeliefert. Dadurch entsteht die Gefahr einer Atomkatastrophe. Und jetzt auch noch Computer. Diese neue zunehmende Gefahr beunruhigt viele Menschen auf der Welt.

Und wieder eine rhetorische Frage: Was ist zu tun? Ein Bekannter von mir, ein Gegner der Computertechnik sieht nur einen Ausweg: zu verbieten. Andererseits brauche man eigentlich gar nichts zu unternehmen, meint er, weil die Welt sowieso bald untergehen werde. Die Prophezeiung der Apokalypse werde sich erfüllen, mit Verbrechern und Sündern bevölkert, werde die ganze Welt in die Hölle stürzen. Sich selbst zählt er dabei nicht zu den Sündern.

Dieses Beispiel stammt sozusagen aus dem Bereich des Absurden. Dennoch, was können wir tun? Wieder fällt mir Andrejew ein mit seinem Vorschlag, auf der Grundlage der „Rose der Welt“ einen hohen Rat der Gelehrten zu bilden, die das hohe Ansehen der Wissenschaft mit moralischen Werten verbinden würden. Ich glaube es lohnt sich, diesen Vorschlag zu erwägen.

Denn nur ein solches Gremium könnte die gesamten wissenschaftlichen und technischen Tätigkeiten der Menschheit kontrollieren. Es ist ja unmöglich, die Geschichte rückgängig zu machen. Alles, was von der Wissenschaft erreicht worden ist und erreicht werden wird, soll jedoch nur zum Wohl der Menschen benutzt werden. Ich möchte bekräftigen: Man braucht keine Angst vor der Wissenschaft zu haben, man braucht ihre Errungenschaften nicht zu verleugnen oder zu vernichten, so wie einst die ersten Webstühle von amerikanischen Farmern zerstört wurden. Wir müssen sie aber unter ethisch-moralischer Kontrolle halten, damit sie nur dem Wohl des Menschen dienen und ihm keine Gefahr bringen.

Miniatur 2

„Darf ich? Darf ich spielen?" - Die Schüler melden sich um die Wette. Ich freue mich darüber. Ich rufe Anna auf, ein nettes, gescheites und musikalisch begabtes Mädchen. Sie setzt sich ans Klavier und improvisiert. Vor unserem inneren Auge entsteht ein fahrender Zug. Die zuerst langsame Bewegung wird immer schneller, und schon fährt der Zug mit rasender Geschwindigkeit an Feldern, Wäldern und Gebirgen vorbei, immer vorwärts in die strahlende himmlische Weite.

„Toll!", sage ich ihr, als sie mit dem Spiel fertig ist. Heute ist unser Thema Rhythmik. Ich habe schon längst bemerkt, dass reine Theorie für die Schüler recht langweilig ist. Deshalb bemühe ich mich, die Stunden unterhaltsam zu gestalten, indem ich die Schüler zur schöpferischen Tätigkeit anrege. Improvisation scheint mir in dieser Hinsicht besonders geeignet zu sein.

Ich messe dem kindlichen Schaffen eine große Bedeutung bei. Manchmal wundere ich mich, wenn ein sonst durchschnittlicher Junge bei einer Improvisationsübung unerwartete Seiten seiner Persönlichkeit offenbart und völlig verwandelt wirkt, als wäre er plötzlich mit einem Gottesfunken gesegnet... Ein Gottesfunken? Dieses Wort regt mich zum Nachdenken an. Laut der Bibel ist der Mensch das Ebenbild Gottes. Worin kommt diese Ähnlichkeit am meisten zum Ausdruck? Ich nehme das Buch Andrejews in die Hand, darin glaube ich die Antwort auf alle Fragen finden zu können. In der Tat finde ich hier Worte, die in dieser Hinsicht vieles erklären. Im Grunde genommen verherrlichen diese Worte den Menschen und seine Bestimmung. Der Mensch und Gott haben zwei Dinge gemeinsam: die Kreativität und die Liebe. Das Schöpferische sollte als die größte Gottesgabe betrachtet werden.

Andrejew betont mehrmals, dass nicht nur wenige Auserwählte schöpferische Fähigkeiten besitzen. Jeder Mensch könne und solle das Schöpferische in sich entdecken und realisieren. Eines der Hauptanliegen der „Rose der Welt“ besteht nämlich darin, den Menschen dabei zu helfen.

Miniatur 3

Das Schuljahr ist vorbei. Ich befasse mich aber weiter mit der Frage, die mich während des ganzen Jahres geplagt hat. Was macht die Waldorfschule aus? Was die Schüler angeht, so sind sie wie überall: spontan in der Unterstufe, ausgelassen in der Mittelstufe, ernsthaft und besorgt um ihr künftiges Leben in der Oberstufe. Sicherlich gibt es in der Oberstufe mehr Probleme: Liebe, Diskothek und manchmal auch Drogensucht. Diese Probleme haben oft latenten Charakter: Sie befinden sich nicht an der Oberfläche, sie sind versteckt, und gerade dadurch sind sie so gefährlich.

Der Umgang mit diesen Problemen macht meiner Meinung nach das Wesen der Pädagogik aus. Das Hauptziel der von R. Steiner gegründeten Schule war die geistige Entwicklung der Kinder, das Bemühen, durch Musik, Rhythmik und andere Methoden deren schöpferische Fantasie zu wecken und insbesondere vertrauensvolle Beziehungen mit den Eltern zu pflegen. Das alles ist großartig, dagegen ist nichts einzuwenden. Aber warum ziehen die Schüler vor, in Diskos und nicht in die Kirche zu gehen? Warum machen sich die Schüler heimlich lustig über den Rhythmikunterricht und halten ihn für überholt? Warum verstecken sie CD-Spieler unter dem Hemd und hören im Unterricht nicht die Lehrer, sondern die letzten Technohits? Warum kennt man in der Waldorfschule die Werke Steiners selbst nur oberflächlich, während die Namen E. Blawatskaja und A. Besant, mit denen Steiner geistig eng verbunden war, hier fast gar nicht bekannt sind?

Warum, warum? Schluss damit! Es liegt auf der Hand: ein Umdenken, eine Umstellung, ein neuer Geist sind erforderlich, sonst setzt Stagnation ein und danach der Tod. Das ist ein Naturgesetz. Ich bin kein Pädagoge, ich kann folglich keine neuen Wege zur Modernisierung von Lehrplänen und Unterrichtsmethoden vorschlagen. Ich bin aber fest davon überzeugt, dass in den Lehrplänen große religiöse, philosophische und historische Werke enthalten sein sollten. Die Grundlagen der Bildung sollten ein tiefes Eindringen in die Geheimnisse des göttlichen Weltalls, Naturverbundenheit und die Liebe zur Natur sein. Das Lernen in der Schule sollte zu einem unaufhörlichen schöpferischen Prozess werden. Die Musik und die Eurhythmie sollten seine Grundlage und seine treibende Kraft werden, und nicht nur formell in der Ruhepause zwischen den Unterrichtsstunden stattfinden. Auch Selbst-Vervollkommnung, Gebete, Meditation und Yoga dienen der Stärkung des Geistes und dessen Zuwendung zu Gott.

Ich erinnere mich oft an meine Schüler. So viel Herzlichkeit, soviel Geist! Ich denke an ihre Tränen während des Abschieds. Ein prachtvoller Mensch ist doch Rudolf Steiner! Seine Schule ist in der Tat eine hervorragende Erfindung! Sie hat das Wesentliche, was keinesfalls verloren gehen darf, sondern entwickelt und durch die Ideen der „Rose der Welt", von denen D. Andrejew in seinem Buch spricht, ergänzt werden sollte.

Gedanken an die Zukunft

„Die Welt der Gewalt sei zerstört"

(aus einem revolutionären Lied)

Fast 43 Jahre lang habe ich in einem Lande gelebt, das schon am Anfang seines Bestehens die Grundsätze des Friedens, der Demokratie und der Brüderschaft verkündet hat. Ein jahrhundertealter Traum der Menschheit werde in Erfüllung gehen, die Menschen würden endlich glücklich sein, erklärten politische Ideologen der neuen Macht, aber gleich darauf versank das ganze Land in die Finsternis eines nie da gewesenen Terrors. Die sozial-politische Revolution brachte der „privilegierten" Menschheit statt des Glücks den Tod, statt der Brüderschaft den Hass, statt des Friedens den Krieg. Ein gebildeter Leser würde sagen: es ist ja klar, durch Gewalt kann kein Glück erreicht werden. Nicht zufällig steht in der Bibel geschrieben: „Wer Wind sät, wird Sturm ernten." Und je stärker der Wind, desto schlimmer die Folgen. „Ein Sturm, bald wird ein Sturm ausbrechen", verkündete einst der große proletarische Schriftsteller Maxim Gorki. Der Sturm ist ausgebrochen und hat vielen Millionen, darunter den Boten der Revolution, den Tod gebracht.

Ja, dem stimme ich zu, obwohl mir Maxim Gorki mit seinem einmaligen Talent und seiner typisch russischen, zu Herzen gehenden Güte, leid tut.

Die Gesetze der karmischen Vergeltung für unsere Taten sind unerbittlich. „[...] alle, die zum Schwert greifen, werden durch das Schwert umkommen", (Mt 26-52) lautet eine andere Bibelstelle. Es ist unvorstellbar, wie viele Kriege, Diktaturen, Tyranneien, Revolutionen, Aufstände und Verschwörungen es in diesen Jahrtausenden gegeben hat! Die Vorsätze waren immer gut, doch selbst große und humanistische Ideen verwandelten sich im Sog der Gewalt in Boten des Bösen, ähnlich den Scherben des zerbrochenen Spiegels der Schneekönigin aus einem bekannten Märchen von Andersen.

Jesus Christus:

„Ihr habt gehört, dass gesagt worden ist: Auge um Auge und Zahn um Zahn. Ich aber sage euch: Leistet dem, der euch etwas Böses antut, keinen Widerstand, sondern wenn dich einer auf die rechte Backe schlägt, dann halt ihm auch die andere hin.“

(Mt 5-40)

Gedanken an die Zukunft

Sechs Fragen an D. Andrejew oder „Millionen, umarmt euch“

Zu Lebzeiten war D. Andrejew völlig unbekannt. Jetzt ist es anders. Dank seiner „Rose der Welt“ wurde sein Name nicht nur in Russland, sondern auch im Ausland weit bekannt. Würde er heute leben, wäre er bestimmt stets von zahlreichen Reportern belagert. Er hätte ihnen so viele interessante Dinge mitteilen können! Stellen wir uns ein mögliches Interview vor:

Reporter 1:

Herr Andrejew, warum ist trotz des tausendjährigen Bestehens mehrerer Religionen kein glückliches Leben auf der Erde erreicht worden?

Andrejew:

Im Mittelpunkt aller großen Religionen steht der Mensch, seine geistige Welt und seine Seele. Und das ist richtig, denn ohne sich zu ändern, kann man die Umwelt nicht ändern. „... das Reich Gottes ist schon mitten unter euch“, sagt Jesus Christus (Lk 17-21). Doch schon viele Jahrtausende lang wird ein ewiger Kampf zwischen Gott und dem Teufel auf der Erde geführt. Dabei spielen die Weltreligionen eine entscheidende Rolle. Die Zahl der Kriege und Diktaturen nimmt aber nicht ab. Die Gewalt herrscht weiter. Woran liegt es?

Es liegt daran, dass die größten religiösen Lehren nicht imstande waren, zu führenden Kräften der gesellschaftlichen Entwicklung der Menschheit zu werden. Das ist die Hauptursache. Sie konnten die Menschheit nicht auf der Grundlage allgemein akzeptierter Moralvorstellungen vereinigen und führen. Die führende Rolle hatte weiterhin der Staat, der seinem Wesen nach gewalttätig und unmoralisch ist. Zwar versuchte die Kirche sich an die Spitze sozialer Reformbewegungen zu stellen, so zum Beispiel der mittelalterliche Katholizismus, doch diese Versuche sind misslungen, weil die Kirche die gleichen Zwangsmethoden benutzte und somit faktisch als Staat auftrat.

Reporter 2:

Wo ist der Ausweg? Oder ist dieses Problem nicht zu lösen? Denn der Staat ist ja ein geringeres Übel und besteht, um das Schlimmere nicht zuzulassen: Chaos und Anarchie.

Andrejew:

Es gibt einen Ausweg. Meiner Meinung nach besteht er in der Einrichtung einer internationalen Organisation, deren Ziel darin bestehen sollte, durch konsequente Durchsetzung umfassender Reformen das Wesen des Staates zu verändern. Diese internationale Organisation würde ich „Liga zur Umwandlung des Staats" nennen. Ich denke, diese „Liga" sollte Außenstellen in allen Ländern haben. Die Hauptaspekte ihrer Tätigkeit sollten Kultur, Wohltätigkeit, Erziehung und Politik sein.

Reporter 3:

Welche Grundsätze sollten der Tätigkeit der „Liga" zugrundegelegt werden?

Andrejew:

Eines der Hauptprinzipien soll meiner Ansicht nach die Maxime der Unzulässigkeit von Gewalt sein. Das ist die einzige Möglichkeit, den immer wieder entstehenden Einfluss der dämonischen Staatsstrukturen zu vermeiden. Wenn auch für eine Übergangszeit gewisse, sehr eingeschränkte Gewaltformen zugelassen werden müssten. Sie könnten daraufhin fragen: Was wird die Gewalt ersetzen? Meine Antwort lautet: das gute Beispiel der „Liga", Uneigennützigkeit, Sittlichkeit, Unbestechlichkeit, Taten, die den propagierten Idealen entsprechen würden. Nur eine auf diesen Prinzipien basierende Organisation könnte das Ansehen und den Ruf genießen, die sie berechtigen könnten, Millionen Menschen zu führen.

Reporter 4:

Was für eine vorrangige Aufgabe hätte die „Liga"?

D. Andrejew:

Die vorrangige Aufgabe der „Liga" wäre die Bildung einer Weltföderation aller Staaten unter der Voraussetzung, dass diese von einer besonderen ethischen Instanz geleitet würde. Dieser ethischen Instanz messe ich einen großen Wert bei, deshalb ein paar Worte dazu. Sie sollte aus den kompetentesten und angesehensten Menschen bestehen. Jedes Land hätte in dieser Instanz seine Vertreter. Ihre Moral, ihre ethische Vollkommenheit, ihr aufrichtiger Charakter und geistiger Reichtum müssten bei der Auswahl dieser Menschen das Hauptkriterium sein. Die Menschheit kann nämlich nur einer aus solchen Menschen bestehenden Instanz vertrauen und nur eine solche Instanz kann der Menschheit den Weg der unblutigen und schonenden Verwandlung der Weltföderation zu einer Bruderschaft weisen, ohne Macht, Abhängigkeit und Kontrolle. Nur eine gezielte Auswahl, die auf dem Gewissen und dem Pflichtbewusstsein dieser Menschen basiert, kann glaubwürdig sein. Deswegen ist die Erziehung der jungen

Generationen in diesem Sinne sehr wichtig. Diese Aufgabe wäre eine der vordringlichsten Tätigkeiten der „Liga" im kommenden Jahrhundert.

Reporter 5:

Herr Andrejew, wer könnte Mitglied der „Liga" werden?

Andrejew:

Menschen beliebiger Nationalität, mit beliebigen religiösen und philosophischen Gesinnungen, würden ihr beitreten dürfen. Die einzige Bedingung müsste sein, dass man den in der Ligasatzung formulierten Ideen und Aufgaben treu zu bleiben hätte.

Reporter 6:

Sie haben eben die Ideen und die Aufgaben der „Liga" erwähnt. Welche Ideen legen Sie ihr zugrunde? Was macht das Wesen und den Geist dieser großen Bewegung für Sie aus?

D. Andrejew:

Das ist ohne Zweifel die Hauptfrage unseres heutigen Gesprächs. Die Antwort kann sehr kurz formuliert werden. Die Grundlage der Philosophie der „Liga" bildet eine moralische, politische und philosophisch-religiöse Lehre, deren oberste Ziele sind: die Vereinigung aller Länder zu einer Föderation, Erhöhung des Wohlstandes und des Kulturniveaus aller Völker, die Erziehung zu ethisch wertvollen Generationen, Vereinigung der christlichen Kirchen und ein freies Bündnis mit allen Erlösungsreligionen, Verwandlung der Erde in einen „Garten Eden" und die Hinführung der Staaten zu einer Brüderschaft.

Gedanken an die Zukunft

Eine Vision

Vor meinem geistigen Auge sehe ich eine riesige Bühne, groß wie die Erde, darauf die riesige Menge Menschen aller Völker und Rassen. Alle Augen sind nach vorn gerichtet, da ist jemand. Ich sehe auf einem Podium einen Dirigenten. Ich erkenne ihn aber nicht, denn er ist zu weit weg.

Der Dirigent hebt den Stab, und ich höre alle Menschen in einem gigantischen Chor singen:

Umarmt euch, Millionen...

Gedanken an die Zukunft

Das unterbrochene Intermezzo

B. Bartok komponierte ein Konzert für Orchester, von dem ein Teil eine originelle Form und einen originellen Namen hat – „Das unterbrochene Intermezzo“. Die Musik bewegt sich heiter und fröhlich. Alles ist schön, und plötzlich beginnt ein tödlicher Orkan, und alles endet.

So geht es oft auch im Leben. Diese Tage kam mir auch plötzlich solch ein Gedanke: es ist Zeit, die Erzählung zu beenden. Ich weiß nicht, wie ich schließen soll, denn ich bin nicht einmal bis zur Mitte von Andrejews Buch gelangt. Ich denke darüber nach und komme zu dem Ergebnis: der Gedanke ist berechtigt und kommt im richtigen Moment. Der 2. Teil der „Rose der Welt“ ist fast völlig der Metageschichte Russlands gewidmet. Darauf müsste ausführlich eingegangen werden. Kurz geht das nicht. Man müsste Wort für Wort Andrejew zitieren. Darum ist es besser, das Buch selbst zu lesen. Also unterbreche ich hier „mein Intermezzo“. Der Leser soll selbst entscheiden, ob ich recht habe.

Gedanken an die Zukunft

Die nicht geschriebenen Kapitel

Erstaunlich schön sind die Russland gewidmeten Seiten von Andrejews Buch. Seine ganze Geschichte wird offensichtlich. Wenn man aber erst seine Metageschichte kennenlernt, beurteilt man Vieles anders. Leider werde ich darüber nicht schreiben.

Zum Schluss schildert Andrejew Bilder der Welt nach dem Sieg der „Rose der Welt“. An diesem Sieg zweifelt er nicht. Soviel ich verstehe, soll diese Zeit bald kommen. Unsere Erde verwandelt sich in einen „Garten Eden“. Die religiöse Tätigkeit wird sich in Tempelstädten (er nennt eine solche Stadt „Wergrad“, wörtlich übersetzt Glaubensstadt) konzentrieren. Die Menschen werden eine erstaunliche äußerliche und seelische Schönheit besitzen. Andrejew schreibt noch von vielen anderen bemerkenswerten Dingen, und ich bedauere es, davon nicht erzählen zu können.

Am Ende des Buches erzählt er von der Ankunft des Antichristen und auch vom Schlimmsten, dem Untergang der Menschheit. Wie ungeheuerlich und schmerzlich ist allein der Gedanke daran! Und ich bin zufrieden, dass ich in meinem Buch davon nichts schreiben werde.

Gedanken an die Zukunft

Schlusskapitel, das eigentlich ein Anfang ist

Das Jahr 1997 neigt sich dem Ende zu. Es ist ein besonderes Jahr für mich gewesen. Mein neuer Freund Jewgenij sagte mir eines Tages: „Das ist das Jahr deiner zweiten Geburt“. Man kann ihm glauben, denn er ist ein Hellseher. Nun erzähle ich alles der Reihe nach. Nach dem Treffen mit Timofej geschah etwas mit mir, ich begann eine Stimme zu hören. „Du hast „Rose der Welt“ komponiert“, so sprach diese Stimme, „nun organisiere eine Gesellschaft.“ Ich war verwirrt. Ich bin ein Komponist, kein Funktionär, ich habe dazu keine Fähigkeiten. Aber die Stimme ließ mich nicht los. Dann beschloss ich, einen Zeitungsartikel über „Rose der Welt“ zu schreiben und irgendwo zu veröffentlichen. Ich schrieb einen Artikel und schickte ihn an die Zeitung „Kontakt“. Ich war unsicher, ob ich berechtigt sei, mich damit zu beschäftigen. In diesem Zustand der Unsicherheit fuhr ich nach Russland in der Hoffnung, dort die Gesellschaft „Rose der Welt“ zu finden und eine Antwort auf meine Frage zu bekommen. Ich kam also in meine Heimatstadt Sankt Petersburg, fand ohne Mühe das Zentrum „Rose der Welt“ und lernte seine Leiterin kennen. Als ich ihr von meinen Problemen erzählte, sagte sie: „Alexander, ich gebe Ihnen die Telefonnummer eines Mannes in Deutschland. Rufen Sie ihn an. Er wird alle Ihre Fragen beantworten können, denn er ist ein überdurchschnittlicher Mensch. Sathya Sai selbst hat ihn gesegnet.“ So habe ich zum ersten Mal von Jewgenij Awerbuch und Sathya Sai gehört.

Das war nur der Anfang. Nach einigen Tagen rief ich Tatjana an, so heißt die Leiterin der „Rose der Welt“, und sie sagte mir: „Wo haben Sie gesteckt, Alexander? Ich habe eine Information für Sie. Es wurde mir mitgeteilt, dass von nun an Ihr Leben mit dem Alten aus München und seiner Kirche eng verbunden sein wird. Ihre Musik wird in dieser Kirche gespielt werden. Seien Sie gefasst auf große Veränderungen in ihrem Leben.“ Ich wunderte mich natürlich, doch nach der Rückkehr nach Deutschland fuhr ich sofort nach München und traf mich mit Jewgenij. Seitdem wurden diese zwei Menschen zum Bestandteil meines neuen Lebens. Dann kamen Reaktionen auf meinen Zeitungsartikel. Viele interessante Menschen erklärten sich bereit, an der Schaffung der Gesellschaft „Rose der Welt“ teilzunehmen. Jetzt bin ich nicht mehr allein! Das ist ja ein Wunder! Eigentlich sollte es so sein, wenn man den Weg zu Gott gefunden hat.

Ich denke oft: was wäre aus mir geworden, wenn ich damals im Jahre 1991 „Rose der Welt“ und die große Lehre von Andrejew nicht kennen gelernt hätte? Ich möchte meine Erzählung mit Schlussworten seines Buches beenden:

„Von Licht zu Licht, von Ruhm zu Ruhm
Steigt jeder auf, der auf Erden lebt
Der einst gelebt hat und der in Zukunft kommt
Wird steigen zu dem höchsten Licht
Um einmal mit Ihm sich zu vereinen
Und zu vergehn darin
Zu reiner Freude
Um der gesamten Schöpfung willen
Zu neuen Welten durch Ihn.“

Teil IV

Reise nach Indien zu Sathya Sai Baba*

Premananda:

Oh, Swami, sag, was sind Einheit und Trennung?

Sathya Sai:

Ihr seid getrennt, denn ihr habt die Sprache der Liebe vergessen. In der Höhe verschmilzt alles zu einem ozeanischen Erleben der Freude. Und in der Finsternis sind nur Tränen und Geschrei wegen der ungeheuren Schmerzen. In der Höhe seid ihr einig, und in der Hölle gibt es euch viele. Ihr seid eins, wenn ihr lacht, und wenn ihr weint, seid ihr gleich. Beim Tanzen verschmilzt man ineinander, aber im Unglück ist man allein im Weltall.

(Premananda „Meditation im Tempel")

Reise nach Indien zu Sathya Sai Baba

Unerwartete Einladung

Unsere herrliche Boeing hält für einen Augenblick an, dann rast sie schon wieder mit zunehmender Geschwindigkeit über die Piste und löst sich endlich leicht und schwungvoll von der Erde. Wir fliegen über Frankfurt. Mir ist ganz ruhig und erstaunlich leicht zumute. Kaum zu glauben, in wenigen Stunden bin ich im fernen und rätselhaften Indien.

Alles geschah unerwartet. Damals im September, während des ersten Treffens mit Jewgenij, hatte er mir sofort angeboten, mit ihm zu Sathya Sai zu fahren. „Er hat dich eingeladen. Möchtest du mitkommen?" – „Und ob", antwortete ich, ohne lange nachzudenken, obwohl der Name Sathya Sai mir erst seit kurzem bekannt war und ich von seiner Lehre bisher keine Ahnung hatte.

Nach Hause zurückgekehrt, fand ich ein kürzlich in Petersburg gekauftes Buch von Dr. Samuel Sandweiss. Es heißt „Sai Baba, der Heilige und der Psychotherapeut". Das Buch ist spannend, obwohl die von dem bekannten amerikanischen Psychiater verfasste Geschichte auf den ersten Blick trivial wirkt: Dieser zeitgenössische amerikanische Materialist, Rationalist und Agnostiker, sozusagen ein typisches Geschöpf unseres Zeitalters, erfährt eines Tages von Sathya Sai und glaubt selbstverständlich weder an seine göttliche Herkunft noch an seine Wundertätigkeit.
Dr. Sandweiss glaubt überhaupt nicht an die Dinge, die außerhalb des menschlichen Verstandes liegen und weder experimentell noch theoretisch bestätigt werden können. Andererseits können sich sein Geist und seine Intuition mit seinen Universitätsstudien und seiner hohen Stellung in der Gesellschaft nicht begnügen. Daher beginnt seine Su-

che nach dem Lebenssinn, die ihn endlich zu Sathya Sai führt. Der Umgang mit diesem herausragenden Menschen bewirkt ein Wunder. Der bekannte amerikanische Psychologe, der bisher seine Wissenschaft für die höchste Offenbarung gehalten hat, wird nun zu einem folgsamen Schüler des indischen Avatars*. Stundenlang wartet er in der sengenden Sonne auf sein Erscheinen. Er lernt meditieren. Seine Auffassungen in bezug auf die moderne Wissenschaft und auf die Welt im Ganzen erfahren eine tiefgreifende Wandlung. In seinem Buch tadelt Dr. Sandweiss die westliche Gesellschaft wegen ihres Egoismus, ihrer Habgier und der Jagd nach sinnlichen Vergnügungen. Er ruft zur Hinwendung zu den ewigen biblischen Wahrheiten auf, die von Vielen in seiner Umgebung für altmodisch gehalten werden. Dabei verweist er auf die Lehre von Sathya Sai, die seiner Meinung nach einen Versuch darstellt, die Menschen auf den Weg der Güte und der Liebe zurückzuführen.

„Das ist ja ausgezeichnet“, dachte ich. Ich musste diesen hervorragenden Menschen mit eigenen Augen sehen, nicht weil ich ein Rationalist oder Agnostiker wäre. Eher bin ich ein Perfektionist und Mystiker, dazu tief gläubig. Außerdem bemühte ich mich jetzt, eine Gesellschaft zu gründen, dessen Ziel und Zweck mit denen von Sathya Sai übereinstimmen.

So hatte ich zum ersten Mal die Lehre von Sathya Sai und sein Leben kennen gelernt. Und nun im Flugzeug, während ich an das Buch von Dr. Sandweiss denke, fällt mir ein, dass ich in derselben Situation bin wie er, als er zum ersten Mal nach Indien flog.

Die acht Stunden Flug vergehen für mich schnell. Wir kommen in Bombay an. Aus dem Winter in Europa geraten wir gleich in den indischen Hochsommer. Es ist noch früh, doch die Luft ist schon glühend heiß. Nach einer kurzen Fahrt zu einem anderen Flughafen folgen lange Stunden des Wartens, dann fliegen wir weiter. Diesmal dauert der Flug nicht so lange. Etwa nach zwei Stunden landen wir in Bangalore. Bis Puttarparti fahren wir 3-4 Stunden mit dem Taxi. Gerade diese Stunden habe ich mir besonders gut eingeprägt. Wir rasen (70 km Fahrt dauern hier etwa so lange wie 170 km auf einer europäischen Autobahn) durch die Städte und Dörfer, vorbei an vielen hin und her eilenden Leuten, Pferdegespannen, Fahrrädern und merkwürdigen Autos, die wie Museumsgegenstände wirken. Jede Minute droht die letzte zu sein, entweder für uns oder für einen entgegenkommenden Passanten. Nach und nach schätzen wir immer mehr die Geschicklichkeit unseres Fahrers, der uns ab und zu verschmitzt schmunzelnd ansieht. Endlich erreichen wir unser Reiseziel Puttarparti, das Heimatdorf und den jetzigen Aufenthaltsort von Sai Baba.

Auf der Hauptstraße fällt uns sofort eine überraschend große Menge eigenartig gekleideter Europäer auf. Sie tragen weiße Hosen und knielange weiße Hemden. In Deutschland würden sie sehr auffällig wirken. Dann erreichen wir schon das Gelände des Ashrams. Die Hauptstraße ist dicht bevölkert, beiderseits gesäumt von mehrstöckigen modernen Hotels. Es gibt auch ein paar hinduistische Bauten, und den Mittelpunkt bildet ein ungeheurer Tempel von erstaunlicher Schönheit, ein Meisterwerk einer anderen, nichteuropäischen, aber ebenso schönen Kultur. Hier soll Sathya Sai vor uns erscheinen. Die riesige Fläche des Marmorfußbodens im Tempel erinnert mich an einen Flugplatz.

Alle Formalitäten werden im Nu erledigt, denn überall herrscht strengste Ordnung, und bald betrete ich mit zweien meiner Kollegen den Raum, wo wir drei Wochen wohnen werden. Da wir den Nachmittagsdarshan* besuchen wollen, bleiben wir nur kurz im Hotel. Wir lassen unser Gepäck dort und rennen fast zum Tempel.

Reise nach Indien zu Sathya Sai Baba

Seiten aus meinem indischen Tagebuch

3. Januar 1998, am Abend

Heute ist der erste Abend in Indien. Der ganze Weg bis Puttaparti kommt mir wie ein riesiges Durcheinander vor. Ich bin todmüde. Im Darshan wäre ich beinahe eingeschlafen. Die Erscheinung von Sathya Sai beeindruckt mich viel weniger, als ich erwartete. Irgendwie tut er mir leid. Er ist sehr mager und trotz seines überraschend jugendlichen Gesichts, umrahmt von üppigen schwarzen Lokken, die zu einem jungen Rockstar passen würden, wirkt er alt, er ist ja immerhin 72. Dazu noch die schwere Last der Verantwortung für uns alle. Er erinnert mich an Jesus Christus. Vor dem Einschlafen gehe ich noch einmal durch das Gelände des Ashrams.
Überall sieht man Leute im Kreis um angezündete Kerzen sitzen. Sie singen. Ein schmerzliches Gefühl der Liebe und der Verbundenheit mit ihnen entsteht in meiner Seele. Ich gehe auf mein Zimmer, zünde eine Kerze an und bete zu Sathya Sai. Ich danke ihm für alles und bitte ihn nur um eines - um die steinerne Kirche des Ostens und Westens für Timofej. Das ist das Wesentliche. Morgen beginnt mein Tag um 3 Uhr 45.

4. Januar

8 Uhr abends. Ich denke an die bedeutendsten Ereignisse des heutigen Tages. Heute früh erwache ich ohne Wecker um 3.40, wasche mich schnell, ziehe mich an und laufe zum Ashram*. Die Eintrittsordnung ist äußerst streng. Um 4 Uhr befinden sich schon mehrere lange Schlangen auf den zahlreichen Straßen, die zum Tempel führen. Auf ein Zeichen der Tempeldiener hin werden die langen

Reihen auf den Platz hinter den Tempel geführt. Man wartet auf die Auslosung. Gegen 5 Uhr bekommt der Erste jeder Reihe (insgesamt über 20 Reihen) eine Ordnungsnummer, die den Eintritt seiner Reihe in den Tempel bestimmt. Die ersten fünf bis sechs Reihen bekommen gute Plätze im Tempel, d.h. in der Nähe des Durchgangs für Sathya Sai. Das gibt die Gelegenheit, eine Audienz zu bekommen, Briefe auszuhändigen und die Nähe des Avatars zu empfinden. Ich habe Glück: Ich bekomme einen Platz nicht weit vom Durchgang. Auf jeden Fall halte ich die Briefe bereit.

Um 5.15 singen alle OM, ein meditatives Gebet, dem Sathya Sai eine große Bedeutung beimisst und für eine der ältesten Anrufungen Gottes hält. Ich zitterte vor Aufregung und Andacht, ebenso wie es mir bei Timofej passiert war, meine Augen sind voller Tränen. Sathya Sai erscheint gegen halb sieben. Er geht an mir vorbei, ohne mich anzusehen. Etwas weiter vorne bleibt er stehen, materialisiert heilige Asche und bestreut damit einige Glückspilze. Allerdings erwarte ich nichts anderes, ich kenne doch meinen Platz in dieser Geschichte. Es gibt Tausende von Menschen, die seine Aufmerksamkeit mehr verdient haben. Offen gestanden stelle ich mich nicht gern zur Schau. Nun gut, nach dem Darshan gehe ich auf mein Zimmer, falle aufs Bett und schlafe bis 13.30.

Danach gehe ich zum Nachmittagsdarshan. Diesmal habe ich keinen günstigen Platz, weil ich zu spät komme. Ich sitze in der 10. Reihe. Sathya Sai ist wie immer fröhlich, materialisiert Asche und noch etwas, das ich nicht sehen kann. Alle klatschen Beifall. Nach dem Darshan begegne ich Jewgenij und einigen anderen aus unserer Gruppe, und wir gehen zusammen zum Wunschbaum. Ich habe nur einen Wunsch: die steinerne Kirche in München. So vergehen die Tage. Eine Menge von Eindrücken überwältigt mich: Natur, Menschen, neue

Religionen, Architektur und vor allem Sathya Sai. Eines davon wäre wohl ausreichend für diese drei Wochen. Aber alles auf einmal? Ich bin ganz durcheinander und sehr müde. Was mich umgibt, ist eine ungewohnte, fremde Welt, die ab und zu meine Abneigung hervorruft. So ging es mir gestern. Aber heute ist es völlig anders. Ich empfinde keine Abneigung. Ich denke nur, es ist leicht zu schreiben: „Menschen, vereinigt euch, alle Religionen sind nur Teile des Ganzen“. Wie schwer ist es aber, dies in die Tat umzusetzen! Nun Schluss, es ist Zeit schlafen zu gehen, morgen um 4 Uhr muss ich wieder zum Darshan.

6. 1. (Nachmittagsdarshan)

Es ist 13.40. Wir sitzen in der brennenden Sonne und warten auf die Auslosung. Es ist sehr heiß, etwa 40 Grad, vielleicht auch mehr. Aufgrund der Hitze herrscht ein wüstes Durcheinander in meinem Kopf, widersprüchliche Gedanken und auch Zweifel, die mich immer unerwartet befallen. Warum wählt Sathya Sai? Wozu sind diese Warteschlangen und die Auslosungen, die Spannungen hervorrufen, gut? Die wartenden Menschen mit ihren Briefen tun mir leid. Und ihm? Wozu dient diese Verherrlichung? Porträts und Darstellungen von ihm verfolgen uns auf Schritt und Tritt. Von Allen wird er angebetet. In den Gaststätten beginnt jede Mahlzeit mit einem allgemeinen Gebet vor seinem Bild. Wozu? Es gibt wahrscheinlich einen Grund. Alles hier hat seinen Sinn.

Neben mir sitzt ein junger Mann aus Russland. Er erzählt von sich, er habe eine schwere Nierenerkrankung. Er sei zum zweiten Mal hier. Seit 3 Jahren werde er oft von Sathya Sai in Petersburg besucht. Er hoffe auf eine Heilung. Nach diesen Erzählungen fühle ich mich auch krank. Auch das unbequeme Sitzen in ungewohnter Position ärgert mich. Ich will schon alles hinwerfen und fortgehen, aber in diesem Moment beginnt die Auslosung.

Das erste Wunder geschieht: Sathya Sai nimmt alle meine Briefe, alle acht! Es war so: Ich saß ohne Hoffnung, recht weit abseits von seinem gewohnten Weg. Er war schon vorbeigegangen, als er sich plötzlich umwandte und dann nicht weit von mir stehen blieb. Ich reichte ihm sofort meine Briefe. Einen Augenblick sah er sie an, und dann nahm er alle. Ein sehr kurzer, flüchtiger Kontakt, doch ein Zittern befiel mich, ich glaubte Fieber zu haben. Meine Augen waren voller Tränen. Ich war glücklich! Ich war erschüttert! Ich konnte mein Glück kaum fassen.

10. 1.

Heute ist es sehr interessant gewesen. Am Morgen stehe ich um 3.30 auf. Um 3.45 hole ich Jewgenij ab, und wir gehen zusammen zum Tempel. Meine Nachbarn, John und Sandor, sehr nette Leute, mit denen ich mich angefreundet habe, gehen natürlich mit. Während der Auslosung sind wir alle in einer Reihe und gewinnen die erste Ordnungsnummer. Das ist ein Wunder! Wir sitzen dann in der ersten Reihe im Ashram und sind fest überzeugt, dass wir eine Audienz bekommen werden. Sathya Sai kommt und bleibt in der Tat vor uns stehen. Wir bitten ihn um eine Audienz. „Woher kommen Sie?" fragt er. Antwort: „Wir kommen aus Deutschland".„Zu wie viel sind Sie?", fragt er weiter. Jemand sagt: „17". Er zögert einen Augenblick und geht dann weiter. Wir sind enttäuscht. Vergeblich waren unsere Hoffnungen.

Nun aber die guten Dinge. Lena, die Schwester von Jewgenij, die auch zu unserer Gruppe gehört, hat zufällig eine Frau kennen gelernt, die Vize-Präsidentin eines Seminars von Sathya Sai, Musikberaterin, Pädagogin und Spezialistin für Bhajans* ist. Als sie von mir

erfuhr, äußerte sie sofort den Wunsch, mich kennen zu lernen. Das geschah heute um 13 Uhr. Ich erzählte ihr kurz von meinen Absichten, eine Gesellschaft, ein Theater und eine Schule der „Rose der Welt" zu gründen. Sie hörte meiner Erzählung sehr aufmerksam zu, ohne mich zu unterbrechen. Zuletzt sagte sie:
„Das ist sehr interessant. Ich werde versuchen Ihnen zu helfen. Denn Sai Baba war es, der uns zusammengeführt hat."

Ich wundere mich darüber und erzähle Jewgenij von unserem Gespräch. „Alexander", sagt er darauf, „nichts, was hier passiert, ist zufällig. Es gibt niemanden, der ohne Einladung von Sai Baba hierher gekommen ist. Es gibt kein Treffen, das ohne seine Teilnahme stattfindet. Eine Audienz bei ihm ist nicht notwendig. Du bekommst sowieso alles Nötige. Zum Beispiel die heutige Bekanntschaft, die eurer künftigen Gesellschaft von großem Nutzen sein wird. Dessen bin ich sicher. Und das ist nur der Anfang. In diesen Tagen wirst du auch einen Komponisten aus Russland treffen". Ich denke schweigend: „Ein Komponist aus Russland? Seltsam. Wäre der Eine aus Deutschland nicht genug?"

11. 1.

Heute findet ein Sportfest statt. Alle gehen zum Stadion, nur ich bleibe zu Hause. Ich bin nicht mehr imstande, neue Eindrücke aufzunehmen. Ich bin sehr müde und will mich ausschlafen. Nach dem Mittagessen will ich die Gruppe aus Weißrussland auf Video aufnehmen. Prachtvolle Menschen! Alle strahlen Güte und Liebe aus, obwohl jeder ein schweres Schicksal hat. Einer von ihnen ist ein ehemaliger Militärflieger und Parteisekretär eines Truppenteils. Auch Sascha aus Pjatigorsk ist ein sehr interessanter Mensch. Er erzählt,

Sai besuche ihn seit Jahren während seiner Meditationen und unterhalte sich oft mit ihm. Zu seinem Geburtstag hätte Er ihm ein göttliches Geschenk gemacht, ein langes persönliches Gespräch im Ashram. An der göttlichen Herkunft Sai Babas zweifelt Sascha nicht. „Sai ist allgegenwärtig und allwissend, und das sind Merkmale Gottes", sagt er.

Sascha ist ein typisch russischer Mensch. Er ist ein Yogi höchsten Grades, vielseitig gebildet, Philosoph und ein glänzender Kenner der englischen Sprache. Dabei ist er mittellos.

P.S. Man sagt, der berühmte Boris Grebentschikow, Patriarch der russischen Rockmusik, sei gekommen. Ist er etwa der Komponist, von dem Jewgenij gesprochen hat?

Der 13. Januar ist mein Geburtstag. Ich hoffe, dass Sai Baba mir ein Geschenk macht, indem er unserer Gruppe eine Audienz gewährt. Das geschieht aber nicht.
Um 10 Uhr trifft sich Jewgenij mit Russen. Über 100 Personen kommen hier zusammen. Jewgenij spricht von seiner Methode, erzählt, wie er ein Heiler geworden ist. Vieles wirkt auf einen „normalen" Menschen wie ein Märchen mit fantastischen Wundern, Zauberverwandlungen und viel Mystik. Die nichtmaterielle Welt seiner Erzählungen, bewohnt von unsichtbaren Wesen oder Geistern, nimmt eine reale und konkrete Gestalt an. Die guten Wesen helfen ihm, die bösen dagegen stören ihn. Mir fällt wieder Andrejews Buch ein, seine Beschreibung der Welten des Lichtes und der Finsternis, und mir wird klar, woher diese Wesen kommen. Es ist ein weiterer Beweis für die Wahrheit der Lehre Andrejews. Jewgenij spricht auch viel über Sai Baba, von seinem ständigen Kontakt mit ihm, von der Audienz im

letzten Jahr sowie von der Segnung seiner Heilertätigkeit durch Sai Baba.

Ich höre gespannt seinem Bericht zu. Es wird mir irgendwie selig und freudig zumute, denn mir wird klar: die Welt ändert sich, sie wird besser. Solche Menschen wie Jewgenij wird es immer häufiger geben. Ich bin dessen sicher. Einmal wird jeder Mensch auf der Erde seine geistigen Fähigkeiten entdecken können, und für die verirrte Menschheit beginnt dann ein neues Zeitalter des Wassermanns, das Zeitalter des Lichtes und der Güte.

14.1.

Am Morgen findet im Ashram eine Feier statt. Sai Baba hält eine lange Rede. Zum ersten Mal höre ich seine Stimme, die hohe Stimme eines sehr jungen Mannes, fast eines Knaben. Er spricht leidenschaftlich. Seine Rede ist voller weiser Sprüche. Besonders stark beeindruckt mich sein wunderbares Singen. Das ist toll!

Der Kreis meiner Bekannten erweitert sich. Vorwiegend sind es Russen. Ich lerne einen anderen Alexander kennen, diesmal aus Wologda und erfahre von ihm, dass dort eine Gemeinde für geistige Wiedergeburt entsteht, an der er sich aktiv beteiligt. Wir beschließen, den Kontakt zu pflegen.

Sergej Wenezianskij, Vorsitzender des russischen Verbandes der Vedenkultur, ein Verleger geistlicher Bücher, erklärt sich bereit, unsere Gesellschaft mit Büchern zu versorgen; zuletzt treffe ich den von Jewgenij versprochenen Komponisten. Wie ich vermute, ist es Boris Grebentschickow, und Jewgenij ist es, der mich mit ihm bekannt macht. Wir unterhalten uns lange und tauschen unsere Adressen aus. Alles kommt mir unwirklich vor. Ich beginne zu glauben, dass alles wirklich von Sai Baba planvoll organisiert ist.

Ständig wird über seine erstaunlichen Fähigkeiten und seine Macht gesprochen. Zum Beispiel die Geschichte mit einem Mann aus Australien. Sai Baba hätte ihn innerhalb eines einzigen Augenblicks aus dem Ashram nach Hause gebracht.

Ich werde auch selbst Augenzeuge eines Wunders. Die schwedische Delegation bekommt eine Audienz. Am nächsten Tag sitzt ein vierzehnjähriger Junge aus dieser Gruppe neben mir. An einem Finger hat er einen schönen goldenen Ring mit drei Brillianten. Er erzählt mir, dass er vor einigen Jahren bei Sai Baba gewesen sei und dieser damals einen Ring für ihn materialisiert habe. Dabei hatte ihn Sai Baba vorgewarnt, dass der Ring mit der Zeit zu klein würde und er ihm dann einen anderen schenken werde. Der junge Pilger glaubte es nicht. Aber nach einigen Jahren wurde der Ring zu klein und verschwand eines Tages. Am vorigen Tag während der Audienz erinnerte sich Sai Baba daran und materialisierte einen neuen Ring für ihn. Der Ring passte genau!

Heute besuche ich endlich den auf dem Territorium des Ashrams befindlichen Tempel aller Religionen, erbaut auf Anweisung Sai Babas. Es ist ein Museum. Es herrscht riesiger Andrang, etwa eine halbe Stunde lang muss ich Schlange stehen. Die Exponate machen uns mit der Geschichte aller großen Religionen bekannt. Während ich sie mir ansehe, denke ich: Andrejews Träume gehen hier in Erfüllung. In den Tempel aller Religionen, wenn es auch nur ein Museum ist, kommen Menschen aus aller Welt, um einander kennen zu lernen. Das ist der erste Schritt zur Annäherung und Vereinigung!

18. 1.

Reise nach Indien zu Sathya Sai Baba

Einige Tage lang habe ich keine Eintragungen gemacht. Ich habe mich zu erschöpft gefühlt. Heute ist der letzte Tag meines Aufenthaltes in Indien. Die ersehnte Audienz hat nicht stattgefunden. War sie nötig? Für mich wohl nicht. Ich habe hier so viel erlebt und so viele Leute kennen gelernt, vor allem solche, die bei der Gründung der Gesellschaft „Rose der Welt" behilflich sein könnten.

Alles, was geschehen ist, scheint mir erstaunlich und kaum zufällig zu sein. Ganz bestimmt hat Sai Baba damit zu tun. Was soll ich von ihm halten? Meine Meinung und meine Empfindungen sind widersprüchlich. Ich glaube daran, dass er ein Avatar, d. h. eine Inkarnation Gottes ist. Aber ich verstehe sein Verhalten und seine Äußerungen nicht ganz. Oder kann und soll es nicht anders sein, wenn man mit den kosmischen Kräften in Berührung kommt, d. h. mit den höchsten Hierarchien, deren Logik für die Menschen noch unzugänglich ist. Doch die Geschichte ist nicht zu Ende. Ich hoffe auf neue Begegnungen mit Indien, seinem Volk, seiner Kultur und dem großen Avatar Sai Baba!

Heimkehr

11.45 indischer Zeit. Unser Flug dauert nun schon fast 10 Stunden. Bald darauf landen wir. Die Piste unter uns sieht wie eine leuchtende goldene Raupe aus. Erst jetzt wird mir bewusst, dass die Reise zu Ende ist. Während des Fluges war ich gedanklich noch in Indien, im Sai Babas Land. Ich erinnerte mich an seine Darshans, an zahlreiche Begegnungen und die Abschiedsszenen. Nun wird mir klar: noch eine Seite meines Lebensbuches ist umgeblättert worden. Jetzt steht mir die Gründung der Gesellschaft bevor. Sie soll am 14. Februar stattfinden. Viele Vorbereitungen und Entscheidungen müssen noch getroffen werden. Aber das Wesentliche ist mir schon jetzt klar. In Indien habe ich nicht nur die Bestätigung der in Andrejews „Rose der Welt" formulierten Ideen der Vereinigung und Brüderschaft vorgefunden, sondern auch deren praktische Anwendung.

Dafür spricht auch die Tatsache, dass viele tausend Menschen verschiedener Konfessionen und Nationalitäten aus allen Ländern Sai Baba besuchen, um gemeinsam mit diesem großen Menschen der ganzen Welt zu erklären:

Wir sind Eins!

Wir sind eine Familie!

Wir sind Menschen, die zu Gott streben!

Anmerkungen

S. 81 * Sathya Sai Baba, sanskrit : Wahrheit Mutter Vater

S. 83 *Avatar, sanskrit: Inkarnation Gottes

S. 84 * Darshan, sanskrit: Sehen einer heiligen Persönlichkeit und innere Gottesschau.

S. 85 * Ashram, sanskrit: Versammlungsort spirituell Strebender und Aufenthaltsort eines Weisen oder Heiligen.

S. 88 * Bhajans, sanskrit: Lobgesang verschiedener Namen und Aspekte Gottes.

Als Pendant zum Buchfragment über „Die Rose der Welt“ erschien ein gleichnamiges musikalisches Werk von Alexander Sojnikow, das in Form einer CD über unseren Verlag zu beziehen ist